L'INVASION

DANS LE

DÉPARTEMENT DE L'AISNE

L'INVASION

DANS LE

DÉPARTEMENT DE L'AISNE

PAR

ERNEST LAVISSE

LAON

IMPRIMERIE DE H. DE COQUET ET Cie, RUE SÉRURIER, 22

1872

AUX ENFANTS DES ÉCOLES

Mes amis, il me souvient qu'un jeudi du mois de novembre 1854 (j'étais alors au collége de Laon), comme nous montions, en revenant de promenade, la côte d'Ardon, nous entendîmes un coup de canon, tiré tout près de nous. On s'arrêta; les coups se succédèrent, et nous en comptâmes vingt-et-un. Nous comprîmes que notre armée venait de remporter une victoire. Elle combattait alors à cinq cents lieues de notre pays, attachée aux flancs de Sébastopol, creusant ses tranchées dans le roc, sous le feu de l'ennemi, sous la neige et les rafales glacées du vent du Nord. Ce siége-là était héroïque. On ne connaissait pas encore l'art de prendre une ville en écrasant de loin les maisons et les hôpitaux sous les bombes, sans viser aux murailles, ou bien en attendant l'arme au bras, dans des fossés bien profonds, que la famine fît tomber les ponts-levis.

Sébastopol, qu'on n'avait pu complétement investir, était sans cesse ravitaillé, et, pour surcroît de difficulté, une armée russe tenait la campagne et menaçait nos lignes. Un jour, les Anglais surpris allaient périr, accablés par le nombre, mais le clairon de nos zouaves retentit; une furieuse lutte s'engage; bientôt sur le champ de bataille, que nous avions conquis, Français et Anglais se serrent la main. C'était cette victoire, remportée le 5 novembre près d'Inkermann, que le canon nous annonçait. Il n'est pas besoin de vous dire combien nous fûmes joyeux; nos jeunes imaginations revirent d'un seul coup toutes nos vieilles gloires, et le soir, on s'endormit en pensant que la France était toujours le premier pays du monde !

Mes amis, ce n'est pas le canon saluant la victoire que vous avez entendu ! Le vent vous a apporté l'écho lointain du canon de Paris ; plus près de vous a grondé celui de Soissons, de La Fère, de Saint-Quentin ! Vous avez vu l'étranger envahir la maison paternelle, s'asseoir et commander à la table de famille; vous avez vu nos soldats en déroute et notre drapeau fugitif sur notre propre sol. Vous savez quelle paix nous a été imposée. Elle n'a point satisfait la haine de nos ennemis; il ne nous vient de l'autre côté du Rhin que de lâches paroles de mépris; nous sommes à terre, tout sanglants encore, et il nous faut subir les plus cruelles insultes. Vous n'avez pas le droit de dire, comme nous faisions, hélas ! que votre pays soit encore un grand pays.

Il faut que vous compreniez de bonne heure que la déchéance de notre Patrie vous impose de grands devoirs. Ne croyez pas ceux qui vous disent que la victoire nous a fait une infidélité passagère et qu'elle est habituée de trop longue date à suivre nos armes pour ne point nous revenir. Les plus grands peuples ont eu leur dernier jour, et beaucoup ont péri, dont l'histoire avait été aussi glorieuse que la nôtre. C'est aux générations nouvelles, c'est à vous qu'il appartient de faire que nos derniers désastres ne soient qu'une épreuve, comme la France en a traversé plusieurs dans le cours de sa longue existence, et non le coup fatal qui la retranche du nombre des nations.

Quand on interrogeait les Allemands de toutes les parties de l'Allemagne, qui ont traversé ou occupé notre département, on en trouvait un certain nombre qui maudissaient la guerre et ne cachaient pas qu'ils auraient mieux aimé passer l'hiver dans leurs chaumières que d'endurer le froid et la fatigue sur les chemins de la France ; mais beaucoup tenaient un autre langage. Ils parlaient avec une émotion vraie de la grande patrie allemande ; ils avouaient que, depuis leur enfance, on leur avait appris à haïr la France, qu'ils appellent l'ennemie héréditaire. Ceux-là savaient pourquoi ils étaient en armes, loin de leur pays, exposés au hasard des batailles. L'union qui régnait entre toutes les parties de cette immense armée, l'admirable discipline que vous y avez vue naissaient naturellement de la communauté des sentiments patriotiques. L'énorme force matérielle dont disposaient nos ennemis était doublée par cette force morale.

Pour acquérir cette force, il faut savoir, mes amis, ce que signifie ce mot : la patrie. Ne vous contentez pas d'un sentiment vague. Le patriotisme chez nous n'est pas raisonné; l'amour-propre et la vanité y ont une trop grande part. Chacun de nous a de lui-même une bonne opinion; nous étendons cette bonne opinion à ceux qui parlent la même langue que nous; nous nous croyons supérieurs aux étrangers, que nous tournons en ridicule; cherchez bien au fond de votre cœur : est-ce que je ne dis pas la vérité ? Or il est trop évident que nous avons trouvé plus forts que nous, et que nous n'avons plus le droit de nous moquer de personne : que reste-t-il dès-lors de ce faux patriotisme? Rien. Aussi voyez-vous autour de vous des découragés ; ceux-là mêmes qui n'admettaient point qu'on pût douter du succès de nos armes, et qui auraient volontiers cru qu'un régiment de nos zouaves suffirait à culbuter tous les Allemands du monde, n'ont plus que des sarcasmes pour nos soldats vaincus ; ils prêchent qu'il faut nous résigner à la déchéance. Ces hommes étaient des vaniteux, et non des patriotes ; enfants, il ne faut pas leur ressembler !

Ecoutez bien à l'école, quand on vous enseignera l'histoire de la France ; ne l'apprenez pas du bout des lèvres, mais avec toute votre intelligence et tout votre cœur. La France qui a créé l'Europe du moyen-âge avec Charlemagne, l'Europe moderne avec Henri IV et Richelieu, qui par ses philosophes, ses orateurs et ses généraux, a jeté dans le monde, à la fin du siècle dernier et au commencement de celui-ci, tant d'idées nouvelles et généreuses, mérite qu'on la connaisse, et ne peut être connue sans être aimée. Aucun pays n'a rendu de si grands ni de si longs services à la civilisation, et le grand poète anglais, Shakespeare, a dit la vérité, quand il s'est écrié : La France est le soldat de Dieu ! Que chacun de vous conçoive clairement l'ensemble de cette merveilleuse histoire ; vous y puiserez la force nécessaire pour ne pas céder au découragement, et aussi la ferme volonté de tirer notre Patrie de l'abîme où elle est tombée. Vous savez que l'homme, transporté loin du pays où il est né, est souvent en proie à un mal étrange, qu'on appelle le mal du pays, la nostalgie ; en vain lui prodigue-t-on tous les soins, tous les plaisirs ; sa pensée est au foyer paternel ; rien ne l'en peut détacher.... Si vous avez sans cesse devant les yeux la vive image de nos gloires passées, quelque chose vous manquera dans la vie : vous aurez la nostalgie de notre grandeur perdue. On ne meurt point de cette douleur-là : elle ennoblit l'existence ; elle l'élève au-dessus des intérêts vulgaires et matériels; elle lui donne un but, celui que vous savez bien.....

Quand viendra le jour de la réparation ? Il ne faut pas nous abandonner à des espérances prématurées. On se relève difficilement d'une telle chute, et de longues années s'écouleront sans doute avant l'accomplissement de nos désirs ; mais il ne faut pas laisser passer un jour sans demander à Dieu d'abréger notre attente. Les étrangers disent que nous ne savons point nous souvenir, et que notre inconstance nous empêchera de persévérer dans notre haine. Il est vrai que nous ne sommes point haineux, ni capables de préparer notre vengeance pendant un demi siècle par tous les mauvais moyens, par la calomnie, par l'hypocrisie, par l'espionnage. Mais la haine des Allemands est une vertu que les Allemands eux-mêmes ont faite facile, et l'excès de nos malheurs a rendu l'oubli impossible. Déjà de toutes parts, pour préciser et raviver les souvenirs, ceux qui ont été témoins ou acteurs dans l'invasion ont livré au public le récit des événements auxquels ils ont assisté ; plusieurs ouvrages ont paru dans notre département ; d'autres sont annoncés ; à mon tour, j'apporte les documents que j'ai recueillis et les témoignages que m'ont donnés des personnes honorables, soigneusement interrogées. Je me suis enfermé autant que j'ai pu dans les limites du département : il est pour nous une petite patrie dans la grande, et nous avons eu dans la ruine et dans le deuil de la grande patrie nos ruines particulières et nos deuils privés. C'est à vous d'en garder mémoire, mes amis, et ce récit vous est adressé parce que dans la tristesse et dans la colère qu'il laissera, j'espère, au fond de vos âmes, est l'espoir de notre régénération.

Ernest LAVISSE.

Nouvion-en-Thiérache (Aisne), Septembre 1871.

I.

LES FAUSSES NOUVELLES; LA DÉROUTE; LES UHLANS.

C'est dans les derniers jours du mois d'août, quand le Prince royal de Prusse se fut avancé jusqu'à Châlons, que le département de l'Aisne ressentit les premières terreurs de l'invasion : elles passèrent vite. Mac-Mahon, marchant vers les Ardennes, attirait à lui les forces de l'ennemi : une bataille allait se livrer, et l'on attendait à tout instant la nouvelle d'une grande victoire. Le 29 août, le bruit se répand que des généraux ont annoncé en passant à Laon que l'armée du Prince royal est non-seulement battue, mais anéantie. Des villes, la nouvelle est portée aux campagnes par les voitures publiques : le paysan voit passer la diligence ornée du drapeau tricolore ; il court à l'auberge où le conducteur s'arrête pour faire le récit de la victoire, et il se frotte les mains en entendant les coups lointains et sourds du canon achevant de détruire dans les Ardennes l'armée qui menaçait son champ et la récolte à peine rentrée dans les greniers.

Mais deux jours se passent et partout se multiplient de tristes pronostics. Sur le chemin de fer de Tergnier à Mézières, dont le dernier tronçon avait été inauguré par les troupes envoyées vers les Ardennes, des trains chargés d'hommes s'arrêtent tout-à-coup à Vervins, le 2 septembre. Aux portières des longues files de wagons, les soldats inquiets passent la tête. Les officiers supérieurs se pressent au télégraphe ; ils demandent l'explication des signaux d'arrêt, et reçoivent l'ordre de se replier sur Paris. Ils adressent de nouvelles questions : aucune réponse n'arrive; et les habitants qui voient les locomotives se placer à la queue des trains et reprendre la route qu'elles viennent de parcourir, demeurent plongés dans une mortelle anxiété. Tous les doutes, hélas ! vont être levés. Les fuyards vont vite, et déjà ils apparaissent sur les chemins qui mènent vers le Nord ou vers Paris. Ce sont d'abord des cavaliers de toutes armes, des cuirassiers et des dragons au milieu desquels apparaissent des turcos et des zouaves, rudement secoués sur des chevaux volés ; puis des pontonniers avec leurs équipages, des artilleurs sans leurs canons: les traits coupés à coups de sabre pendent sur le flanc des chevaux. On s'empresse autour de la triste cohue; mais beaucoup de ces hommes ne veulent pas s'arrêter. « On n'est pas fier, dit en passant un artilleur, portant la médaille de Crimée et d'Italie, quand on a été battu comme cela ! » — « Mais qu'est-il arrivé? » — « C'est bon, vous le saurez assez vite; ce n'est pas à moi de le dire ! » — « A combien sommes-nous de Sedan, demande un autre, qui porte sur son visage effaré la terreur de la défaite? » — « A vingt-cinq lieues, lui crie-t-on. » — « Donnez-moi à boire ; ils vont venir ! » — Et il rejoint en courant ses camarades. Le triste défilé dure trois jours. Partout où les hommes s'arrêtent, on voit le même spectacle, on entend les mêmes discours. Les premiers arrivés appartiennent au corps du général de Failly. Ils ne parlent de leur chef qu'avec colère ; les officiers sont unanimes à déplorer son incapacité ; quant aux soldats, personne n'aurait pu leur ôter de l'esprit l'idée qu'ils avaient été trahis. Ceux-ci ont été surpris au moment où ils faisaient la soupe, et surpris par de l'artillerie ! D'autres ont reçu les premiers obus au moment où ils passaient une revue d'armes, leurs fusils démontés étendus à leurs pieds. A La Capelle, un soldat contait cet épisode en tendant à son cheval de petites pincées de foin. Depuis huit jours la pauvre bête n'avait pas été dessellée; pour toute nourriture elle avait mangé l'herbe piétinée et poudreuse qui croît au bord des chemins, et le cavalier lui mesurait la ration. « Il faut lui faire reprendre tout doucement l'habitude de manger, disait-il. Elle l'a perdue comme moi ! Mais ce n'est encore rien de ne pas manger ! » Et le souvenir de la défaite revenant, il laissait échapper ce mot si triste : « Nous nous sommes bien battus, voyez-vous, monsieur, nous n'avons pas mérité ça ! »

En même temps que s'écoulaient vers Lille ces débris de l'armée de Mac-Mahon, le corps de Vinoy se repliait en toute hâte par la route de Mézières à Laon. Son aspect était lamentable. Quand il entra dans le département par le canton de Rozoy, on n'y connaissait pas encore la fatale nouvelle ; les soldats eux-mêmes l'ignoraient, et ils contaient aux habitants de Montcornet et des villages voisins, accourus pour leur porter le pain et la viande, que tout allait bien, qu'ils étaient à la poursuite des Prussiens et qu'ils sauraient bien les débusquer des bois où ils se cachaient toujours. Ils passèrent près de Montcornet une nuit inquiète, et à l'aube, laissant derrière eux quantité de sacs, de sabres, de cartouches, de fusils, prirent la route de Laon : le corps d'armée y était réuni le 5 septembre et le 6 il partait pour Paris. On savait alors que ces troupes étaient la dernière ressource de la France, et les habitants de Laon ne pouvaient se défendre des plus tristes pensées, en regardant du haut de leurs promenades les vignes arrachées, les échalas brisés, des bouteilles amoncelées à la porte du marchand de vins dévalisé, et sur la voie ferrée des sacs de sucre, de tabac, de café éventrés et jetés au hasard à la suite du pillage d'un train.

Derrière eux, sur les principales routes du département qui est maintenant ouvert de toutes parts et livré sans défense à l'invasion, s'avancent les éclaireurs ennemis, presque toujours des uhlans. Lancés fort en avant de l'armée, à laquelle ils se relient par une chaîne de petits postes, ils ne se montrent pas beaucoup à la fois : vingt ou trente au plus : mais que de précautions dans leur témérité ! Ils connaissent les routes aussi bien que les habitants du pays : car avant d'entrer dans un canton nouveau, les officiers et quelquefois les soldats ont reçu des cartes qu'ils ont étudiées. Les soldats eux-mêmes n'ont pas de peine à se reconnaître dans la géographie de quelques lieues de terrain ; ils apprennent les noms des routes qui s'y trouvent et des villages qu'elles traversent, et, par la précision de leurs connaissances topographiques, ils confondent d'étonnement le paysan, qui ne sachant pas que ces belles cartes sont nos propres cartes d'état-major ne comprend pas que l'ennemi ait pu se procurer ces « papiers où des maisons, des arbres même sont marqués. » « Figurez-vous, nous disait un cantonnier, qu'ils ne demandent jamais leur chemin; quand ils daignent vous interroger au croisement de deux routes, ils ne disent pas : « Où mène cette route? » mais : « Ceci est bien la route de... » et on ne les a jamais vus se tromper. » La conclusion était : « Que voulez-vous qu'on fasse avec ces gens-là? »

Cette connaissance du pays donne plus d'assurance aux éclaireurs, mais sans rien leur ôter de leur prudence. Dès que la petite troupe arrive à portée d'un village, elle détache en avant deux, trois ou quatre cavaliers. Ceux-ci parcourent les rues au pas, la carabine au poing, regardant de droite et de gauche. Ils demandent s'il y a dans le village ou aux environs des soldats, des mobiles, des francs-tireurs, en avertissant que le moindre mensonge sera puni de la destruction du village. S'ils n'ont rien vu de suspect, ils retournent vers la troupe qui se met en marche. En un instant, l'officier a demandé le maire, visité le bureau de poste, le télégraphe, mis la main sur les lettres, journaux, dépêches, sans oublier les caisses bien entendu. Il revient au maire auquel il annonce, s'il y a lieu, que la commune est frappée d'une réquisition, payable dans tel délai : c'était d'ordinaire immédiatement. Il lui renouvelle les questions déjà faites, et l'informe que si l'on trouve dans la commune une arme ou un soldat, le maire et les notables seront personnellement responsables. Il s'explique sur la nature de cette responsabilité, qui entraîne toujours le fusillement. Ce mot nouveau a été créé par les vainqueurs pour les besoins quotidiens de leur conversation avec les vaincus. Cependant, sur toutes les routes, des sentinelles apostées veillent à la sécurité de la troupe. Elle n'est pas entrée depuis cinq minutes dans un village que le village est cerné. On peut bien en sortir du côté d'où viennent les cavaliers, mais toute issue est interdite vers le pays qu'ils traverseront tout à l'heure ou demain : car il ne faut pas qu'on soit prévenu de leur arrivée. Ces uhlans ne sont que trente; mais à chaque pas qu'ils font quelques pouces de terrain sont conquis ; derrière eux, l'invasion s'avance sur la route qu'ils ont éclairée; ils forment l'extrême avant-garde, les lignes mobiles de l'armée allemande. Malheur à qui voudrait franchir ces lignes, en passant par un sentier dissimulé ou à travers champ! Du haut de son cheval, le cavalier surveille la plaine, et si l'on n'obéit pas au premier geste, accompagné du cri de *Fort! Fort!* il abaisse le canon de son fusil et fait feu.

Ainsi le uhlan partout attendu surprend partout son monde, et, presque sans danger, car il a l'ordre de s'enfuir au plus vite, s'il est attaqué ; il chevauche sur les routes à vingt lieues de l'armée. « Toujours plus oultre, » telle est sa devise. Il arrive auprès de Laon, le 5 septembre, à portée du canon de Vinoy. Ce jour-là l'état-major du général était logé au presbytère de Vaux, au pied de la montagne de Laon, et à Coucy-lès-Eppes, première station du chemin de fer de Laon à Reims, trente uhlans passaient tranquillement la nuit. Le lendemain, jour du départ des troupes, ils arrivent à Vaux, et le plus naturellement du monde, comme s'il n'y avait jamais eu de citadelle en haut de la colline escarpée, et qu'ils n'eussent qu'à se présenter pour trouver bon gîte et le reste, ils montent par la rampe de Vaux. Leur officier, qui préparait son attitude de vainqueur, allumait son cigare, à vingt mètres de la porte; une seconde après, les cavaliers s'enfuyaient au triple galop, poursuivis par la fusillade.

C'est la première résistance qu'ils rencontraient dans le département. Etait-ce le commencement de la lutte ? Le pays était-il en mesure de l'entreprendre et d'y persévérer. La question est intéressante : car elle touche à l'honneur d'une grande partie de la France. On sait quelles injures ont été prodiguées aux pays qui ont subi l'invasion. Il faut savoir si ces injures sont méritées, et si nous devons perdre jusqu'à l'estime de nous-mêmes....

II.

LA GUERRE A OUTRANCE.

Après nous être si longtemps laissés duper par certains mots sonores, nous avons apparemment le droit de les peser et d'en estimer publiquement la valeur. Or il n'est pas de mot qui sonne mieux que celui *de guerre à outrance* dans un pays qui subit la honte de l'invasion. La guerre à outrance, c'est l'insurrection en masse de tout un peuple contre l'étranger; c'est le paysan embusqué avec son fusil au coin des haies, ou debout sur son seuil la fourche à la main ; c'est le sacrifice de tous les biens et de la vie elle-même offert à tout instant à la patrie en danger; c'est, comme ont dit éloquemment des ministres, des journalistes, des orateurs de clubs, le renouvellement de l'épopée de 1792. On ne peut assurément de plus beau thème pour une proclamation ministérielle, un article de journal ou un discours de réunion publique. Mais on a pu remarquer que, durant toute la guerre, ces choses-là se sont dites ou écrites loin des événements. Ce n'est pas à Bordeaux, ni à Paris, ni à Lyon : c'est dans le département de l'Aisne, au lendemain de Sedan qu'il aurait fallu voir à l'œuvre les partisans de la guerre à outrance !

S'embusquer avec un fusil, au coin d'une haie ! Mais s'imagine-t-on qu'il y ait partout des fusils et des haies, que nos campagnards soient des paysans d'opéra-comique ou de drames patriotiques, tous braconniers et soldats ; que nos campagnes ressemblent au Bocage ou à la Vendée, et qu'il soit si aisé d'y renouveler les scènes des guerres de l'Ouest ? Dans l'Aisne, la plupart des paysans n'ont jamais tiré un coup de fusil, ni possédé une arme à feu ; et les plaines qui, presque partout, bordent les routes de l'invasion, n'auraient point abrité les chasseurs d'hommes. Que faire donc? Attendre sur sa porte, et plutôt que de livrer son toit à l'ennemi se faire tuer en vendant chèrement sa vie. Hélas ! la fourche est une arme de vieux roman et qui n'aurait pas jeté beaucoup d'Allemands par terre ! Car ceux-ci ne se risquent jamais dans un village dont les dispositions leur paraissent hostiles. A la moindre apparence de résistance, ils font avancer des canons et bientôt sur les toits tombe à grand fracas l'obus, qui n'a rien à démêler avec les plus belles fourches du monde. Dans un pays découvert, devant un ennemi assez nombreux pour se présenter partout en forces, assez prudent pour s'entourer, même quand il ne prévoit aucun danger, des précautions les plus minutieuses; assez habile pour dépister les moindres velléités de résistance locale ; assez peu généreux pour punir de la façon la plus cruelle les plus légères et les plus inutiles démonstrations, la guerre à outrance était impossible, et l'héroïsme inutile.

Mais il est vrai que l'histoire honore en de certaines circonstances l'héroïsme inutile, et il faut avouer qu'il ne s'en est pas beaucoup dépensé de cette sorte-là. Ce n'est pas une raison pour nous accuser nous-mêmes de lâcheté, et pour prononcer notre propre déchéance. La situation morale où la guerre de 1870 nous a surpris est très-complexe. Le mal, sans contredit, y a sa place à côté du bien; mais il n'est pas équitable de n'y voir que le mal.

Des idées, qui prévaudront dans l'avenir, ont fait leur apparition dans notre pays, à son grand honneur, mais à son grand péril. La vanité de nos succès militaires et de nos éclatantes victoires de la République et de l'Empire, suivies d'aussi éclatants revers, a éclairé l'esprit de nos historiens. Pendant que la Prusse, passant par dessus le souvenir de la double revanche de 1814 et de 1815, s'attachait aux souvenirs de 1807, et n'attendait que l'occasion de nous appliquer méthodiquement et de tous points la peine du talion; pendant que ses généraux étudiaient les procédés de la tactique et de la guerre napoléonienne, nous portions dans l'histoire de l'Empire et de notre domination sur l'Europe une critique élevée et désintéressée; nous blâmions les excès et les abus de nos victoires; nous acceptions comme légitime l'expiation de nos fautes, et comme juste le jugement porté par la fortune à Leipzig et à Waterloo. La grande majorité d'entre nous croyait en toute sincérité qu'il existe pour régler les relations des peuples entre eux un autre droit que celui de la force, et quelque capricieuse et incohérente qu'ait été notre politique extérieure depuis le commencement du siècle, elle a montré une répugnance croissante pour les conquêtes violentes, et finalement professé que toute annexion non consentie est injuste, attendu que l'homme n'appartient pas à la terre qu'il habite, mais la terre à l'être humain. Sous l'empire de ces idées qui, des classes élevées, ont pénétré jusqu'aux derniers rangs de la société, l'esprit militaire n'a cessé de s'affaiblir parmi nous; chaque jour emportait quelques vestiges de nos haines nationales; en face de l'Europe encore haineuse et jalouse, l'esprit public en France avait désarmé.

Si encore, de fortes institutions militaires nous avaient permis de nous abandonner sans crainte à ce courant, en nous gardant contre des dangers imprévus! Mais la déplorable coutume de l'exonération plus encore qne toutes ces idées imprudentes et prématurées, nous a conduits à l'abîme! Dans un pays où les uns s'exemptent à prix d'argent du service sous les drapeaux, les autres ne le considèrent plus que comme une corvée, la plus lourde qui ait jamais été imposée aux classes deshéritées, puisqu'elle demande au pauvre les meilleures et les plus productives années de sa vie; et personne ne semble se douter qu'en vertu d'une loi supérieure tout citoyen doive une part de sa vie à la patrie. Il est certain qu'en France des milliers de jeunes hommes, appartenant à ce qu'on est convenu d'appeler l'élite de la population, n'ont jamais fait entrer dans leurs prévisions qu'ils dûssent à aucun moment courir un danger, endurer même une fatigue au service de la France. Le moyen, pour un pays soumis à un tel régime de se trouver prêt tout entier pour la lutte, alors même que sa propre existence serait mise en danger!

Laissons de côté toutes les phrases sur l'énervement produit par la prospérité croissante du pays. Sans doute il eût mieux valu que le progrès de la richesse allât moins vite. La vie s'est partout améliorée : le petit propriétaire campagnard a jeté bas son toit de chaume et ses murs de boue, pour bâtir en belles briques et ardoises luisantes; il a mis dans l'écurie, à côté de l'âne, réservé aux petites corvées, un gros cheval percheron, et dans la remise, derrière le tombereau, une charrette suspendue ou un cabriolet; mais est-ce à dire qu'il mène une vie énervante? Se lève-t-il moins dès l'aube? Sa main est-elle moins large et moins calleuse? Sa maison de brique, entourée d'un jardin coquet, où les arbres fruitiers sont taillés selon les règles de l'art, témoigne de la richesse du vieux sol de France, mais ne dit pas que ceux qu'il porte ont dégénéré. Il est encore vrai que le jeune citadin a succombé à toutes les tentations du luxe; ses molles habitudes, sa sotte tenue, son langage où perce à chaque instant le mépris des sentiments louables le feraient prendre pour un être dégradé par une civilisation raffinée et sur lequel la patrie n'a rien à prétendre. Mais à toutes les époques de notre histoire, à la cour des Valois, de Marie de Médicis, d'Anne d'Autriche, sous la Régence, au lendemain de la Terreur, la jeunesse avait de pareils ridicules, et n'en fit pas moins bonne contenance sur les champs de bataille.

N'allons pas chercher si loin la cause de la stupeur profonde où notre pays est tombé, au lendemain de nos désastres. Au mois de juillet dernier, nous étions près d'un million d'hommes valides qui, les bras croisés, regardions partir notre armée; si mal organisée, et si mal commandée qu'elle fût, elle était notre seule force : l'armée détruite, il n'est resté en face de l'Allemagne entière debout et en marche, qu'un peuple accablé de malheurs aussi grands qu'imprévus, désarmé par l'effet de ses lois et de ses mœurs, et pénétré du sentiment de son impuissance. Il a pourtant tenté l'impossible; il a docilement obéi aux ordres des organisateurs de la guerre à outrance; avec des cohues de jeunes hommes, appelés de toutes parts sous les drapeaux, il a formé des armées, qui, sur sa défaite définitive, ont jeté quelque gloire. Mais parce qu'il a fait tristement son devoir, et sans cet élan que donne l'espérance, ce n'est pas à dire qu'il ait perdu toute vertu et doive désespérer de l'avenir.

Une grande épreuve va commencer pour la France. Le jour où les préliminaires de Versailles ont été signés, la condamnation de toutes nos idées philanthropiques et cosmopolites a été prononcée; nous avons d'autres soucis dorénavant que de philosopher; nous avons la patrie à refaire. Mais que tout le monde sache que nous avons la patrie à refaire. Si nous ne comprenons point l'étendue des devoirs que nous imposent nos malheurs et notre déchéance, et que nous endurions le fait accompli plus long-temps qu'il ne faut pour le réparer, acceptons sans mot dire l'accusation de dégénérescence : elle sera trop méritée. Mais tant que l'épreuve ne sera pas faite, nous adjurons les patriotes qui, de loin, ont vu les événements de ménager leur mépris à ceux qui, les premiers, ont été surpris par ces événements, et de pardonner aux habitants de nos campagnes, de nos villes ouvertes, de nos villes fortes abandonnées à leurs misérables ressources, de n'avoir pas arrêté au passage la plus redoutable armée du monde.

III.

PROCLAMATIONS OFFICIELLES. — ÉMIGRATION.

Il y avait dans l'Aisne des partisans de la guerre à outrance. A la fin d'août, le préfet envoyait des délégués auprès des conseillers généraux et d'arrondissement, des maires et des commandants des gardes nationales, et le 1er septembre, dans une communication adressée à la presse, il faisait, sur le rapport de ces envoyés, un tableau très-animé des dispositions belliqueuses du département. Ici se forme une compagnie de francs-tireurs ; là on demande des armes ; mais n'eût-on pas d'armes, on résistera, on courra sus à l'ennemi, et par tous les moyens on le harcellera. On n'est pas équipé ; mais l'article 2 de la loi du 29 août 1870 dispense de cette formalité : « Sont considérés comme faisant partie de la garde nationale les citoyens qui se portent spontanément à la défense du pays avec l'arme dont ils peuvent disposer, et en prenant un des signes distinctifs de cette garde qui les couvrent de la garantie reconnue aux corps militaires constitués. » Il semble qu'en vérité nous soyons au prélude d'une guerre comme en Espagne ou au Mexique. « C'est la guerre de guérillas, dit précisément M. le préfet, mais une guerre légale et sacrée qui s'organise activement. »

Ce document administratif causa un grand étonnement aux esprits réfléchis. Les ennemis du préfet (quel préfet n'a point d'ennemis?) ne manquèrent pas de dire que ce fonctionnaire avait voulu prendre une attitude héroïque, au moment où le changement de front de l'armée allemande semblait la rendre peu dangereuse. Il vaut mieux croire que, de la meilleure foi du monde, le préfet de l'Aisne était convaincu que de petits groupes de campagnards nouvellement et très-mal organisés, peu ou point commandés, armés la veille de mauvais fusils ou seulement pourvus de l'arme dont ils peuvent disposer, périphrase élégante qui désigne la fourche, iraient se heurter à ces corps d'armée qui vont défiler à travers les villages, en colonnes serrées, pendant des journées entières.

C'était là une illusion patriotique ; mais l'illusion était un peu forte.

Déjà sur les routes, l'émigration a commencé. Les habitants des Ardennes, fuyant leurs maisons incendiées, ont jeté partout la terreur, en racontant les actions atroces d'un ennemi qui brûle les villages où il a essuyé un coup de feu. Déjà les jeunes gens atteints par la conscription se sont rendus sous la conduite de leur maire au chef-lieu, où pas un n'a manqué à l'appel. Les mobiles sont au bataillon; les militaires rappelés au régiment. Tout ce qui peut s'enfuir, du reste de la population, se hâte. Les plus pauvres partent le pied léger; mais le cultivateur entasse sur des chariots ses meubles, ses instruments agricoles, ses fourrages ; à peine reste-t-il place, dans ce pêle-mêle, pour les femmes et les enfants; les hommes marchent, le berger conduisant son troupeau, le vacher poussant le sien; on n'a rien laissé derrière soi que les murs nus de la ferme, et la terre qu'on ne peut emporter à la semelle de ses souliers. Ces fugitifs vont au hasard, sans espoir de trouver, comme autrefois les tribus qui fuyaient devant Attila, une terre inhabitée, qui devienne une nouvelle patrie. Partout où ils passent, les paysans consternés s'apprêtent à les suivre, les maisons se vident et se ferment, et de nouveaux villages se dépeuplent. De ses fenêtres, M. le préfet aurait pu voir se dérouler dans la campagne le triste cortége, le jour même où il annonçait que la guerre sacrée allait commencer.

IV.

LA CITADELLE DE LAON.

Ce *communiqué* à la presse avait été précédé d'une proclamation aux habitants de Laon qui se résumait ainsi : « Votre ville, chef-lieu du département, est en mesure de rendre les services que sa situation comporte... L'honneur d'une ville, dans les circonstances où nous sommes, est de se montrer prête à tous les devoirs. » Affirmer qu'une ville est en mesure de se défendre, c'est chose grave, surtout quand cette affirmation a du retentissement, et qu'elle vaut à son auteur des éloges publics, comme ceux qui furent décernés du haut de la tribune du Sénat au préfet de l'Aisne. Devant la nation entière, l'honneur de la ville de Laon était engagé par cette parole.

C'est fort bien sans doute pour une ville d'être logée sur un plateau dont les flancs sont coupés à pic, et qui domine de si haut la plaine qu'on aperçoit sur toutes les routes, à dix lieues à la ronde, les quatre hautes tours de sa cathédrale; mais ce plateau ne peut arrêter une armée, s'il n'est défendu sur tous les points. Or la ville de Laon est à peu près entourée d'un mur, mais d'un mur qui a depuis longtemps égrené son ciment à ses pieds, et en maints endroits ne tient plus que par habitude, mur pittoresque que l'eau noircit et que la mousse verdit, mur archéologique où alternent, sans rime ni raison, la tour ronde et la tour carrée, aussi solides l'une que l'autre, et qui s'écrouleraient au premier sifflement de l'obus. Si la citadelle est moderne et forte, elle ne saurait protéger tout le plateau laonnois. La forme de ce plateau peut être exactement comparée à celle de la Sicile, l'île aux trois pointes. C'est à la pointe orientale que se dresse la citadelle; mais sur le promontoire de l'ouest tournent pacifiquement les ailes d'un moulin à vent, et les vieilles murailles du monastère Saint-Vincent se cachent dans un bosquet à la pointe du sud. Pour que l'on pût appeler Laon une ville forte, il faudrait que chacun de ces caps portât une forteresse, que la ville fût entourée d'une enceinte, que l'artillerie et la garnison fussent en mesure de défendre un pourtour de quatre kilomètres.

On comptait à Laon une trentaine de canons, parmi lesquels trois ou quatre pouvaient être utiles, un seul pouvait réellement servir; quant aux artilleurs, il s'en trouvait une compagnie parmi les huit cents mobiles qui composaient la garnison; on avait même trouvé un mobile qui savait tout l'exercice à feu; au moment suprême, on lui confier la bonne pièce. Il est difficile à une population qui se sait ainsi protégée d'attendre avec sérénité l'orage qui s'approche On l'a dotée d'un comité de défense, mais elle sait que les officiers du génie du corps de Vinoy ont déclaré que la villene peut être défendue sans de grands travaux, qu'on n'a pas le temps d'exécuter. Ce ne sont point les tranchées qu'on creuse devant ses portes qui la rassureront : d'un saut, on les franchirait comme le fossé de Romulus. On la convie à prendre part aux travaux de la citadelle, et l'autorité militaire fait une réquisition de pioches, ignorant qu'elle en possède en magasin cinq cents toutes neuves, que les Prussiens sauront bien trouver. Le maire fournit les pioches, et à l'heure dite se met à la tête d'une escouade de travailleurs volontaires. On arrive à la citadelle; le portier et le garde du génie demandent, étonnés, ce qu'on vient faire. On attend deux heures par une pluie battante, puis on se retire. Ces petits faits donnent aux habitants une haute idée de l'organisation de la défense; bientôt ils apprendront que, vérification faite, on manque d'étoupilles, il faut en envoyer quérir à La Fère. En vérité, comme disait le préfet, « la ville de Laon, chef-lieu du département, était en mesure de rendre les services que sa situation comportait. » Elle était en mesure de repousser les avants-coureurs de l'armée du grand-duc de Mecklembourg ; mais contre cette armée elle ne pouvait rien... que se laisser détruire, sans profit pour personne.

C'est bien de la destruction de la ville que parle le colonel comte Alvensleben, quand il vient, le 8 septembre, la sommer de se rendre le lendemain à six heures du matin. En vain veut-on l'amener à distinguer entre la ville et la citadelle ; le parlementaire déclare que la ville sera brûlée avant qu'il soit tiré un coup de canon sur la citadelle. Après son départ, grand émoi dans les rues. Les habitants courent du préfet au général. Placés en face de la terrible réalité, ceux-ci comprennent qu'on ne peut faire brûler une ville pour l'honneur d'une citadelle qui ne saurait la protéger, ni se défendre elle même; mais ils ont pris un engagement public : il leur faut l'autorisation de ne point le tenir. Ils télégraphient au ministère de la guerre, d'où arrive, la nuit, cette réponse : « Agissez devant la sommation suivant la nécessité. » Ils font enfin la juste appréciation de cette nécessité, et rédigent la capitulation.

Le 9 septembre, à midi, l'armée allemande fait son entrée en ville, musique en tête. Après que les postes ont été placés, le duc de Mecklembourg se rend à la citadelle avec son état-major et un bataillon de chasseurs. Le général venait de faire la remise de la citadelle et s'entretenait avec le duc de Mecklembourg. Les mobiles, que la capitulation renvoyait dans leurs foyers à la condition de ne plus servir pendant la durée des hostilités, avaient déposé leurs armes et achevaient de défiler quand une explosion retentit. Un grand cri s'élève; un nuage épais, noir, monte en se tordant vers le ciel : la poudrière a sauté. Quatre cent soixante personnes gisent à terre, parmi lesquelles cent Allemands. Le général et le duc sont tombés l'un près de l'autre; mais celui-ci se relève vite en proférant des cris de colère et de vengeance. Dans la ville, l'explosion a brisé au loin les vitres des maisons et projeté de tous côtés des pierres qui ont atteint jusqu'au sommet des jours sous un déguisement; il prend la défense de la ville, tours de la cathédrale et d'horribles débris humains que l'on retrouvera dans les greniers. Des murs sont fracassés, des toits effondrés. On sort des maisons, on s'interroge; mais un flot d'Allemands et de mobiles s'est précipité dans les rues au bruit de l'explosion. Les Allemands tirent sur les mobiles, les poursuivent jusque dans les maisons, dans les caves. Bientôt paraît le duc de Mecklembourg, traînant son pied blessé. Il pleut à torrents, et son visage, son manteau noir, ruissellent d'une boue jaunâtre. Un piquet de soldats l'escorte, l'arme prête, regardant de droite et de gauche, visant les rares habitants qui paraissent dans la rue ou montrent aux fenêtres leurs visages effarés. Le cortége arrive à l'hôtel de ville. « Où sont les autorités? » s'écrie le duc. Le maire se présente. « C'est une honte pour la France, continue le duc, c'est une infamie! J'en veux tirer une vengeance dont on parlera dans mille ans! » Et comme le maire essaie de parler : « Silence, c'est moi qui commande ici! » Les soldats tiennent couchés en joue les conseillers et les personnes qui se sont réfugiées à l'hôtel de ville. L'œil fixé sur leur général, ils n'attendent qu'un signe, et leur visage dit qu'ils le désirent. Cependant le maire, d'une voix calme, rejette au nom de la ville toute complicité dans l'événement, parle des dépêches qu'il a envoyées au ministère de la guerre pour démontrer que la ville ne pouvait se défendre. Le duc reste muet, le visage altéré par la fatigue, l'émotion, la douleur de sa blessure. On lui offre une verre d'eau. — « Je n'ai pas confiance! » s'écrie-t-il en l'écartant de la main. Heureusement le comte Alvensleben arrive; avant de se présenter dans la ville comme parlementaire, il y avait, dit-on, passé deux intercède pour elle et fait les plus louables efforts pour calmer le prince. Celui-ci cède enfin; il ordonne que le général et le préfet seront arrêtés et traduits devant un conseil de guerre, et que des otages répondront de la sécurité de ses soldats. Son escorte relève les fusils, et les officiers font cesser le massacre dans les rues. Les habitants courent alors à la citadelle. Le spectacle était plus horrible que celui d'un champ de bataille, car beaucoup vinrent là pour reconnaître un des leurs, qui remuèrent inutilement un tas informe de chair humaine. On transporta toute la journée à l'Hôtel-Dieu les blessés et les restes des morts, et fort avant dans la nuit on entendait encore dans les rues le pas des brancardiers et la plainte des blessés. La lumière s'est faite sur ce lugubre épisode. A la première nouvelle de l'évènement, la rumeur publique avait singulièrement altéré la vérité. On racontait que le général Thérémin avait donné l'ordre de faire sauter la citadelle, et maints journaux ne craignirent point de célébrer comme un exemple d'héroïsme antique, cette action imaginaire. Si le général Thérémin avait attiré dans un piége l'état-major ennemi et fait sauter une place, après y avoir arboré le drapeau parlementaire, il aurait forfait à l'honneur, et une plume française ne saurait écrire son nom, sans le flétrir. Mais le malheureux officier a été la victime d'une situation qu'il n'avait point faite. Appelé au commandement du département, le 22 août, il n'avait trouvé aucun élément sérieux de défense, pas un soldat de l'armée régulière, pas même un aide-de-camp. Quelques jours après, l'ennemi était aux portes, et la révolution du 4 septembre ajoutait encore au désarroi que le désastre de Sedan avait mis dans les esprits. Impuissant à défendre la ville, mais ne pouvant ni ne voulant la rendre sans l'autorisation de ses chefs, il demeura jusqu'au 8 septembre dans la plus pénible anxiété. A l'arrivée de la dépêche, il fit ce que le bon sens et l'humanité commandaient de faire, et le lendemain il accomplissait, en rendant la place, son douloureux devoir, quand le garde du génie Hauriot, vieux soldat, dont les malheurs de la patrie avaient troublé la raison, fit sauter la poudrière. Blessé et prisonnier, le général endura les plus odieuses tortures; presque jusqu'au dernier moment, on lui refusa l'autorisation de voir sa famille; on lui fit subir des interrogatoires répétés, on le menaça de le transporter, tout meurtri encore, devant un conseil de guerre. Il mourut. Quand les Allemands furent assurés qu'ils pouvaient être généreux à bon marché, ils déclarèrent que la conduite du général avait été irréprochable et qu'ils se faisaient un devoir de rendre justice « à l'honorable ennemi, même au-delà du tombeau. »

V.

LA MARCHE DE L'ENNEMI; LA TERREUR PRUSSIENNE.

Au moment où l'ennemi s'établissait ainsi au chef-lieu, tout le sud du département était couvert par l'invasion. Poussant son aile droite jusqu'à Crépy, au nord-est de Laon, à quelques kilomètres de La Fère, l'armée allemande descend en trois colonnes dans la direction du sud-ouest. La première, qui a traversé Laon, va passer l'Aisne au pont de Cuise-la-Motte; elle atteindra bientôt Pierrefonds et Compiègne. La seconde passe par Braisne, Villers-Cotterêts, et envoie ses coureurs jusqu 'à Chantilly. La troisième suit la vallée de la Marne, et se dirige sur Meaux par Château-Thierry. Dans cette dernière ville passent le roi Guillaume et M. de Bismark, hommes prudents qui, craignant de trouver sur la grande route de Paris quelque fusil à l'affût, avaient daigné honorer de leur passage le chemin vicinal de Dormans.

Les populations attendaient l'arrivée de l'ennemi dans une indicible terreur ; quand après avoir été vingt fois annoncé, il arrivait enfin, et qu'on voyait s'avancer silencieuses, sans trompettes ni tambours, sans un cri, sans cliquetis d'armes, les longues colonnes de ses fantassins et de ses cavaliers, quand ses éclaireurs paraissaient la carabine au poing, les plus fermes sentaient battre leur cœur. Cependant les hommes entraient dans les maisons et s'y installaient, ils s'occupaient de la nourriture et du coucher, ceux qui étaient fatigués s'étendaient dans quelque coin ; les malades demandaient des soins. Tous paraissaient bourrus et maussades; néanmoins, comme on s'attendait à être battu et chassé de chez soi, on commençait à respirer; on remarquait avec plaisir que leurs officiers affectaient une certaine politesse; on se sentait protégé par la discipline allemande, qui faisait l'admiration et l'envie de ceux qui avaient vu, quelques jours avant, passer les troupes françaises. Cette première impression ne durait guère. On s'apercevait bientôt que le seul moyen de garder quelque tranquillité était d'obéir à toutes les volontés du soldat, à tous ses caprices, et « tout de suite. » Ceux qui ne savaient que dix mots de français savaient ces trois mots : *tout de suite*. A la moindre hésitation, on voyait grincer les dents noires de ces rougeauds; à la moindre désobéissance, les coups de plat de sabre pleuvaient, et le récalcitrant était expulsé de chez lui à la baïonnette. Si la désobéissance était de nature à compromettre la sécurité de l'ennemi, il n'y avait qu'une peine, la mort.

La commune de Chivres-Machecourt voit passer le 10 septembre environ 40,000 Allemands, qui marchaient sur Paris; elle en logea pour sa part 2,500. Les officiers demandèrent, suivant l'usage, s'il ne se trouvait pas d'armes dans la commune. Le maire, M. Fossé, répondit négativement; mais des perquisitions amenèrent la découverte de quarante fusils. Aussitôt le vieillard est arrêté; un officier saisit ses cheveux blancs, et le force trois fois à baiser la terre; des soldats l'accablent de coups, hurlent autour de lui. Le curé voit passer la victime au milieu des bourreaux, et veut intervenir; il est insulté, bousculé, frappé. On jette le prisonnier garrotté sur une charrette pour le conduire à Liesse, où il passe la nuit, sans lumière et sans pain. Le lendemain, il part pour Laon où il est condamné à mort. Le duc de Mecklembourg l'envoie, sous escorte, demander sa grâce au prince de Saxe, qui s'était arrêté au château de Marchais; mais le prince est inflexible pour l'homme qui sans doute avait conçu le dessein d'attaquer avec quarante fusils ce corps d'armée dont le défilé dura dix heures! Du château, l'escorte entraîne le prisonnier dans le bois de Samoussy; là, on le débarrasse de ses liens, puis successivement les soldats tirent sur lui jusqu'à ce qu'il tombe dans un fossé, où ses deux frères qui suivaient de loin cette triste odyssée, le retrouvèrent quelques heures après. Son corps couvert de meurtrissures, ses pieds déchirés par la marche attestaient qu'il n'avait pu chercher à se soustraire par la fuite à l'exécution des volontés des deux altesses royale et seigneuriale.

Encore pouvait-on alléguer un fait contre ce malheureux ; mais combien ont été les innocentes victimes de la mauvaise humeur de l'Allemand en campagne ? Car l'Allemand est un soldat de mauvaise humeur : sa veillée d'armes est morose, et il ne connaît pas les gais lendemains de victoire. Malheur à qui se rencontre sous sa main, quand une action est engagée, ou qu'un coup de feu retentit, ou seulement quand il s'imagine que des francs-tireurs battent la campagne ! Tous les Français sont, devant ses frayeurs, solidairement responsables. La distinction entre « l'habitant paisible et le soldat » est oubliée.

« Comme dans les derniers jours les habitants du pays se sont « montrés hostiles envers les troupes allemandes, dit dans « une de ses premières proclamations le colonel de Kahlden, « commandant de Laon, j'annonce par cela que pour la « moindre attaque *ou résistance,* la plus rigoureuse vengeance « sera exécutée et que pour chaque soldat allemand tué, il « sera *par contre* fusillé quatre Français *coupables ou innocents,* et que les environs paieront une forte indemnité. »

M. de Kahlden, dont le régiment avait reçu dans le bois de Mailly, sur la route de Soissons à Laon, quelques coups de fusil, trouvait sans doute qu'on avait trop légèrement puni ce guet-apens. On s'était contenté d'arrêter des cantonniers trouvés sur la route, des ouvriers pris dans les champs, et un vieillard, M. Nachet, conseiller à la cour de cassation, dont le château est voisin du bois; on avait garrotté ces hommes : on les avait menés à Laon, aidant à coups de bottes et stimulant à coups de plat de sabre ceux qui ne pouvaient suivre le pas des chevaux. On les avait jetés en prison, et traduits en conseil de guerre, mais pour les renvoyer en proclamant leur innocence : seulement M. Nachet fut condamné à 3,000 francs d'amende; la commune d'Etouvelles à 4,000, celle d'Urcel à 8,000, pour apprendre aux habitants du Laonnois que les châteaux et les villages étaient responsables des méfaits du franc-tireur. Les choses ne se passaient pas ainsi d'ordinaire, et l'horrible système de compensation exposé dans l'affiche de M. de Kahlden fut maintes fois appliqué par les soldats, comme il arriva près de Bertaucourt, un jour qu'un coup de feu, qui partit d'un bois sans atteindre personne, fut tiré sur un détachement prussien. Un brave homme qui travaillait à son champ avait eu la malheureuse idée de s'approcher de la route, pour montrer à son fils, un enfant de douze ans, les Allemands qui passaient. Evidemment il n'était pas coupable; mais qu'importe? Il est saisi, traîné sur la route, et sans forme de procès, fusillé : l'enfant raconta que l'officier s'était donné la peine d'achever de défigurer la victime en lui labourant la face du tranchant et de la pointe de son sabre.

On n'en finirait pas, si l'on voulait conter tous les épisodes de cette guerre atroce; d'ailleurs le monde entier connaît aujourd'hui les procédés de nos ennemis. Dans l'application du système de terreur qu'il faisait peser sur le vaincu, l'envahisseur n'a pas une fois cédé à la pitié; le sang-froid qu'il gardait dans l'exécution des lois de la guerre montrait qu'il était implacable. Magistrat d'une nouvelle espèce, il a, comme dans un code, prévu, classé ce qu'il appelle des délits et des crimes; il les a frappés d'une peine édictée d'avance, et qui n'est point révocable. Nous savons qu'on peut tout craindre de la furie française, mais on peut tout espérer de la générosité française; il n'y a pas de furie, mais il n'y a pas non plus de générosité allemande. La crainte des châtiments qui atteignaient toute velléité de résistance, la conviction trop justifiée qu'on avait dans les pays envahis qu'une défense sérieuse était impossible, puisque les dernières forces de la France étaient enfermées dans Paris, décourageaient la population. On en vint à redouter comme une calamité le voisinage des francs-tireurs dont les compagnies n'étaient du reste, à quelques exceptions près ni assez bien commandées, ni assez bien composées pour faire subir à l'ennemi des pertes comparables aux malheurs qu'elles attiraient sur les habitants. Tout Allemand devint un personnage sacré pour le vaincu. Tel officier s'est promené seul, à plusieurs lieues du campement de sa troupe, traversant les villages, distribuant aux passants les coups de cravache sur la tête, et le campement l'a vu revenir sain et sauf, satisfait et fier de sa promenade. Un jour, un chevalier d'industrie a recueilli, sous le costume allemand, de l'or et des billets de banque en faisant par les mairies une tournée de réquisitions personnelles. Ailleurs trois landwehriens, fatigués de la guerre, ne purent parvenir à se constituer prisonniers; on crut qu'ils tendaient quelque piége, car les Allemands avaient l'habitude de frapper d'une amende les communes qui faisaient des prisonniers. Un cavalier ayant été capturé dans les rues de Guise, le comte de Lippe, général saxon, prit l'arrêté suivant : « Attendu que les habitants de Guise ont capturé un « soldat allemand, pour cette bêtise la ville paiera une amende « de 10,000 francs » ; à ce compte, nos trois landwehriens représentaient une valeur de 30,000 francs ; ils furent reconduits en voiture hors du territoire de la commune. L'ennemi a donc produit l'effet qu'il attendait de ses rigueurs : la terreur régnait dans le pays, et il pouvait en toute tranquillité consacrer son attention et ses forces à des opérations qui devaient avoir quelque importance, car il se trouve dans l'Aisne deux places fortes : Soissons sur la route de Paris, La Fère sur la route du nord, et le voisinage de Lille, où s'organisait une armée française, donnait une valeur particulière à la possession des voies ferrées et des routes du département.

VI.

LE SIÉGE DE SOISSONS.

Située sur la rivière de l'Aisne, commandant les routes de Maubeuge à Paris, de Reims à Compiègne, de Château-Thierry à Saint-Quentin, et la ligne ferrée de Reims à Paris et Mézières, Soissons ne pouvait être longtemps négligée par l'ennemi. Au moment du grand passage, il ne s'arrête pas à faire le siége : le temps presse, et le vainqueur ne parle que de sa prochaine entrée triomphale à Paris ; tout au plus prend-il la peine de tendre la main pour recevoir la capitulation. On la lui refuse, et il passe son chemin ; mais il fallait mettre l'arrière-garde et les convois de l'armée allemande à l'abri d'une surprise de la garnison, qui, trop faible pour se heurter à un corps d'armée, pouvait inquiéter des détachements isolés : aussi la cavalerie ennemie commence-t-elle le

16 septembre l'investissement de la place. La garnison comptait une compagnie d'artilleurs de ligne, 200 artilleurs de la mobile du Nord, un bataillon du 15e de ligne, deux bataillons de mobiles de l'Aisne, en tout 4,000 hommes; mais les deux tiers de cet effectif se composaient d'hommes qui, deux mois auparavant, ne s'attendaient point à être appelés sous les drapeaux. Les mobiles de Vervins, convoqués dans cette ville le 10 août, y ont reçu un fusil à tabatière; dirigés sur Soissons, on leur a donné pour tout équipement une blouse de toile bleue avec la croix rouge sur le bras. Quand l'investissement commence, ils ont à peine un mois d'exercice. Le bataillon du 15e de ligne était composé moitié d'hommes du dépôt, mal habitués au maniement des armes, moitié de soldats de divers régiments échappés de Sedan, qui étaient venus offrir leurs services au commandant de place. Dans ces 4,000 hommes, il y avait beaucoup de braves gens, mais combien de soldats?

Ceux qui connaissent la ville de Soissons savent qu'elle n'était point en état de soutenir un siége contre l'artillerie prussienne. De la guérite du guetteur, sur la tour de la cathédrale, on découvre un vaste paysage. De toutes parts s'élèvent des remparts de collines; l'Aisne semble sortir à l'est d'une gorge boisée, et disparaître à l'ouest par une autre gorge; au nord, Crouy étage ses maisons sur la brèche ouverte par la route de Laon; derrière Crouy la ferme de la Perrière dresse au bord d'un ravin ses noires murailles historiques, et par dessus les têtes des peupliers qui ondoient à ses pieds regarde les toits rouges de Soissons. Au sud se trouvent les collines les plus rapprochées de la place, Presle au sud-ouest, Sainte-Geneviève au sud-est, toutes deux dénudées au sommet, mais portant un bois à mi-côte. Ainsi de deux côtés, la place est comme étranglée entre les positions qui la dominent: de Presle et de Sainte-Geneviève au rempart de Soissons, il n'y a pas à vol d'oiseau, plus de 2,000 mètres. Ajoutez qu'au dessous de Crouy la verrerie de Vauxrot, au-dessous de Sainte-Geneviève la gare et la jetée du chemin de fer offraient des abris aux avant-postes de l'ennemi, à un kilomètre du bastion. La place prit cependant les précautions habituelles: les faubourgs sont incendiés, les arbres coupés, les haies vives des potagers arrachées. On se récrie dans la ville contre ces destructions inutiles; mais puisque la résistance était décidée, il était impossible d'épargner aux habitants ces durs sacrifices;

comment avouer qu'il faudrait se rendre à courte échéance, et qu'on le savait bien ? Les nécessités de la défense imposaient ces destructions inutiles à la défense ; mais ce fut en vérité une triste condition dans cette guerre que celle de nos prétendues villes fortes ; leurs murailles ne servirent qu'à attirer sur elles, sans profit pour personne, la fureur d'un ennemi qui frappait à coup sûr.

Soissons attendit longtemps l'inévitable coup de grâce qui devait mettre fin à sa résistance. Pendant près d'un mois du 16 septembre au 12 octobre, l'attaque fut molle et l'investissement peu rigoureux. La garnison fit des efforts pour éloigner les lignes ennemies : deux fois elle réussit à faire entrer dans la place des convois de ravitaillement, et elle livra des combats où des volontaires de la garde nationale figurèrent avec honneur ; mais elle n'était ni assez forte ni assez exercée pour se heurter aux plus importantes positions, et le canon de la place essayait seul d'entraver les ouvrages qui s'achevaient sur les collines du sud.

C'est pendant l'investissement que se passèrent tout près de la ville des faits dont le département doit garder un éternel souvenir. Le commandant du génie avait fait sauter, avant l'arrivée de l'ennemi, le pont de Pommiers, village situé à cinq kilomètres de Soissons, en aval, sur la rive droite de l'Aisne. Le 8 octobre, l'ennemi voulut jeter en face de Pommiers un pont de bateaux. Les habitants demandèrent du secours à leurs voisins, les gens de Pasly et de Vauxrezis. Le premier M. Débordeaux, instituteur de Pasly, sergent-major de la garde nationale, accourt au bord de la rivière, et commande le feu. Les Allemands, qui ne s'entêtent jamais à recevoir des coups de fusil, abandonnent la place. Le soir ils reviennent en force ; mais les gardes nationaux des villages sont restés à leur poste et arrêtent l'ennemi jusqu'à ce qu'il ait trouvé passage sur un autre point. Le 9 octobre au matin, quinze cents Prussiens, commandés par le colonel Kron, envahissent Pommiers ; des otages sont arrêtés, et le colonel fait annoncer que si les hommes qui ont dirigé la résistance ne lui sont pas livrés, le village sera détruit. Le lendemain, au moment où la menace allait être exécutée, il se trouva deux lâches (que leurs noms soient voués à l'opprobre !) qui dénoncèrent l'instituteur de Pasly et ses compagnons. Déjà l'ennemi avait occupé Pasly; MM. Débordeaux et Courcy sont arrêtés, enchaînés, conduits sur la montagne, fusillés. Le 11 au matin, les Allemands se portent sur Vauxrezis; ils arrêtent le maire, l'instituteur, et quinze gardes nationaux; un jeune homme, M. Charles Odot, qui essaie de se défendre, est tué. Les prisonniers sont menés à Vauxbuin, et séparés en deux groupes : les uns sont étendus, dans la cour du château, la face contre la terre humide; au moindre mouvement, ils sont frappés à coups de crosse ou de baïonnette ; ce supplice dure cinq heures. C'est le temps qu'il avait fallu pour juger et condamner à mort M. Poulette, l'instituteur, et MM. Létoffé et Dequirez, accusés d'avoir « trempé dans un complot contre la sûreté des soldats allemands. » Aussitôt le jugement prononcé, on fait relever les prisonniers laissés dans la cour, on les met sur deux lignes ; les condamnés sont placés derrière ; le funèbre cortége se met en marche dans le parc, jusqu'en un lieu où une fosse avait été creusée : les condamnés s'agenouillent au bord et la fusillade les y précipite ; les Prussiens jettent quelques pelletées de terre sur les cadavres, et forcent leurs prisonniers à piétiner le sol. Ce récit ne veut pas de commentaires ; si quelqu'un est capable de l'entendre de sang rassis, qu'il ferme ce livre; il ne s'adresse point à lui !

Le lendemain du jour où s'accomplissaient ces crimes, le bombardement de Soissons commençait. Des batteries de Presle et de Sainte-Geneviève, la mitraille tombe sur la ville jusqu'au lendemain à trois heures de l'après-midi. A ce moment, un parlementaire se présente: il emporte une fière réponse. Le bombardement reprend plus furieux, et dure, sans interruption, jusqu'au surlendemain à la nuit tombante. L'artillerie de la place tient tête énergiquement à l'orage, pendant quatre-vingts heures, avec ses servants improvisés. Plus d'une fois la justesse de son tir ralentit le feu des batteries de Sainte-Geneviève; mais Soissons se couvre de ruines. Des obus trouent la tour Saint-Jean qui domine la ville, et dont la magnifique architecture rappelle au voyageur l'antique splendeur de la cité épiscopale. La cathédrale est entamée. l'arsenal et la manutention sont criblés de projectiles, le grand hôpital, atteint dès la première heure, brûle, les casernes s'effondrent, et les obus qui éclatent sans cesse achèvent ici la destruction commencée, allument là de nouveaux incendies.

Cependant, au pied du rempart, où la garde nationale a rejoint la garnison, la plaine est déserte. L'ennemi est invisible, et l'on est écrasé. Que faire ? Une large brèche a éventré le rempart auprès de Saint-Jean des Vignes. Si la raison permettait quelque espoir de délivrance, il faudrait persévérer, coûte que coûte ; mais un conseil de guerre a reconnu que les sorties sont impossibles, et d'où viendrait le secours ? La France n'a plus d'armée qui tienne la campagne. Quelques milliers d'hommes, détachés de Lille, ont poussé jusqu'à Saint-Quentin, mais ne peuvent s'aventurer si loin de leur base d'opération. Il ne restait plus à l'état-major de la place qu'à confesser son impuissance : le 15 au soir, un parlementaire sortait de la ville; à onze heures, la capitulation était signée; le lendemain à midi, musique en tête, vingt mille Allemands commandés par le duc de Mecklembourg entraient dans la ville conquise, poussant des hurrahs et entonnant des chants de victoire.

Aux termes de la capitulation, les soldats de ligne étaient prisonniers ; leurs officiers et les officiers de mobiles étaient libres, à la condition de signer l'engagement écrit de ne plus servir contre l'Allemagne pendant toute la durée de la guerre. La convention accordait aux mobiles de l'arrondissement de Soissons la faculté de rentrer dans leurs foyers, mais se taisait sur le sort des autres, et l'on ne sait sur quelle autorité se fondait le commandant du bataillon de Vervins quand il déclara, en manière d'adieu à ses hommes, qu'ils allaient être conduits sous escorte hors des lignes allemandes, et de là renvoyés chez eux. Toujours est-il qu'en compagnie des soldats de ligne et des mobiles du Nord ils prenaient, à cinq heures du soir, la route de Château-Thierry, c'est-à-dire d'Allemagne. Trois mille Français environ étaient escortés par huit cents Allemands. A huit heures, on venait de s'engager dans le bois d'Hartennes, quand des coups de feu partent à la tête de la colonne. C'est alors une confusion générale : deux mille prisonniers s'enfuient à travers bois. Les Allemands, qui marchaient en tête ou sur les flancs, tirent, crient, gesticulent, piétinent de fureur, hésitant entre la garde de ceux qu'ils tiennent encore et la poursuite des fuyards qui se dispersent dans les taillis. A l'arrière-garde, prisonniers et gardiens, qui ne savent d'où vient le tumulte, se sont jetés à terre, les uns sur les autres, dans les fossés qui se comblent. « J'avais pour ma part, nous contait un de nos amis, un gros landwehrien sur le corps ; il tremblait de tous ses membres, il croyait que nous étions délivrés et me caressait la tête en me disant : bon Français, bon Français ! mais quand ses camarades et lui se furent relevés sur l'ordre des officiers, et qu'ils se retrouvèrent à peu près un contre un, eux armés et nous sans armes, il me donna les plus furieux coups de crosse que j'aie reçus sur le chemin de l'Allemagne. » Quand les Allemands se décidèrent à poursuivre leur chemin, ils avaient perdu les deux tiers de leur convoi. On ne sait d'où partit cette fusillade nocturne : on a dit que des francs-tireurs cachés dans le bois avaient tiré sur l'escorte des prisonniers pour faciliter leur évasion. Cette supposition n'est guère vraisemblable, car aucun franc-tireur n'a revendiqué cet exploit. Il est à peu près certain que des soldats de ligne qui marchaient en tête se sont jetés, à la faveur de la nuit, sur leurs gardiens, en ont désarmé plusieurs, et après quelques coups de fusil ont donné le signal de la fuite.

VII.

M. DE LA FORGE ET M. DE LANDSBERG. — LE 8 OCTOBRE A SAINT-QUENTIN.

La prise de Soissons, en même temps qu'elle assurait à l'ennemi la tranquille possession d'une des grandes routes de l'invasion, lui livrait toute la partie méridionale du département. Depuis quelques jours, d'ailleurs, le pays était officiellement considéré comme conquis, car M. de Landsberg avait pris les fonctions de préfet de l'Aisne. Cependant le nord n'était pas soumis encore ; La Fère n'avait pas été attaquée, et dans Saint-Quentin résidait le préfet de la république, M. de LaForge, fermement décidé à disputer le terrain à son compétiteur. Déjà mêmeil avait infligé à celui-ci, au lendemain de son installation, un échec mémorable. Le 8 octobre 1870, une colonne, composée de deux compagnies de landwehr et de quatre cents dragons de Mecklembourg, s'était présentée en vue de Saint-Quentin ; mais la ville avait prévu cette visite. Ses ingénieurs avaient construit des barricades, que ses gardes nationaux et ses pompiers étaient résolus à défendre. Aussitôt que le guetteur a signalé du haut de sa tour l'approche des éclaireurs allemands, le tocsin sonne à toute volée, appelant à leur poste les défenseurs de la ville; ils accourent en grande hâte. Du côté où se présentait l'ennemi, c'est-à-dire au sud-est, la ville se termine au canal et à la Somme, qui forment deux lignes d'eaux voisines et parallèles. Sur les ponts, en sortant de Saint-Quentin, on a devant soi le faubourg d'Isle, qui monte par une pente assez raide vers la campagne, et derrière, la rue d'Isle, également escarpée, qui conduit au centre de la ville. C'est en deçà du canal, dont le pont a été disposé de manière à être jeté à l'eau en quelques minutes, que s'élève le plus solide ouvrage de défense, une barricade bien construite et se reliant aux maisons voisines. En haut du faubourg d'Isle, une première barricade abrite un poste avancé. C'est de là que les pompiers tirent les premiers coups sur la colonne allemande, quand leur commandant s'est assuré qu'elle n'est précédée d'aucun parlementaire. Après l'avoir arrêtée le temps nécessaire pour qu'on puisse jeter à l'eau le pont du canal et fermer la grande barricade, ils se retirent en ordre et viennent se ranger près de la garde nationale. Derrière eux, les Allemands entrent dans le faubourg; mais, bien qu'ils se glissent le long des maisons, ils sont atteints par les balles d'excellents tireurs, qui visent avec calme, annoncent leurs coups et sont applaudis par leurs camarades. La lutte dure plus de trois heures quand la commission municipale, avertie qu'un incendie vient d'être allumé par l'ennemi dans le faubourg et trompée par de faux rapports sur le nombre des morts et des blessés, se rend à la barricade pour représenter au préfet qu'une ville ouverte comme Saint-Quentin ne peut pousser la résistance au-delà des limites d'une défense honorable. Depuis le début de l'action, le préfet s'était tenu debout près de la barricade, encourageant les combattants par son exemple et par sa parole, sans ostentation, avec le sang-froid que donne le courage. Il répond à la commission que, la lutte étant engagée, c'est aux commandants militaires seuls qu'il appartient de décider si elle doit cesser ou continuer.

Les commandants de la garde nationale et des pompiers reconnaissent que la situation peut s'aggraver par une modification du plan d'attaque ou par l'arrivée de renforts ennemis ; mais, avant d'entrer en pourparlers avec les assaillants, ils demandent à continuer la lutte une heure encore. Une demi-heure après, l'ennemi commençait sa retraite; il emportait une quarantaine de morts et de blessés, et laissait quelques prisonniers entre les mains de la garde nationale. Du côté de la ville, douze hommes avaient été atteints, parmi lesquels M. de La Forge. La fureur de l'ennemi fut grande quand il éprouva cette résistance inattendue. Fidèles à leur lâche habitude, les soldats passèrent leur mauvaise humeur sur des gens inoffensifs ; ils emmenèrent une dizaine de prisonniers qui n'avaient commis d'autre crime que de se trouver sur leur chemin ; le long de la route, ils les insultèrent et les battirent : l'un d'eux fut si maltraité par les landwehriens ivres qu'un chirurgien dut panser ses blessures au bord d'un fossé avant d'arriver à Ribemont.

VIII.

OCCUPATION DE SAINT-QUENTIN.

Le colonel de Kahlden, commandant de Laon, qui avait ordonné l'expédition, ne voulut point rester sous le coup d'une défaite qui eut du retentissement, car Saint-Quentin venait de donner aux villes ouvertes un grand exemple en repoussant l'ennemi sans le secours d'aucune force régulière. M. de La Forge savait bien que les représailles ne se feraient pas attendre. Il avait obtenu qu'un corps d'armée de dix mille hommes vînt tenir garnison à Saint-Quentin; mais l'autorité militaire reconnut que la ville ne pouvait être mise en état de défense, et que les troupes n'y seraient pas à l'abri d'un coup de main. Elles furent rappelées au lendemain de la capitulation de Soissons, et Saint-Quentin se trouva ainsi livré sans défense à la colère de l'ennemi au moment où ses forces devenaient disponibles. A la nouvelle de la décision de l'autorité militaire, M. de La Forge donna sa démission.

Le 20 octobre, M. de Kahlden réunit une petite armée. Il la divise en deux colonnes, dont l'une va investir La Fère pendant que l'autre marche sur Saint-Quentin. Dans les villages qui avoisinent La Fère, on crut que le siége allait commencer; on en fut quitte pour la peur et pour le pillage de quelques demeures. Les mille hommes qui arrivent à Danizy le 19 octobre bouleversent les maisons de fond en comble sans épargner les habitants; puis ils procèdent au déménagement chez les récalcitrants en entassant sur les chariots des couvertures, des vêtements d'homme et de femme, des couteaux, des cuillers, de la vaisselle, même des chandeliers et des casseroles. Les habitants menacent de se plaindre aux officiers, au colonel. Or M. le colonel était avec trois officiers et cent cinquante hommes au château de M. D... Les chevaux mangeaient l'avoine en pleine auge; les officiers buvaient le champagne à pleine coupe, le ventre à table, le dos au feu, qui flambait si bien qu'un incendie se déclare tout-à-coup. « J'avais justement, dit le colonel, l'intention de faire brûler cette cassine. » Comme il devait y passer la nuit, il fit pourtant éteindre l'incendie; mais le lendemain ses hommes chargeaient sur des fourgons une pendule, les plus jolis meubles, des tapis et tout le vin de la cave. Ce colonel ne pouvait plus punir ses soldats d'avoir volé des casseroles.

Le surlendemain, toute la colonne reprenait la direction de Laon; mais pendant que la garnison de La Fère attendait une attaque et s'y préparait, le coup de M. de Kahlden réussissait. Le 20 octobre au soir, le colonel avait appris à Brissay-Choigny que les ponts sur l'Oise et sur la Sambre étaient rompus. Il avait expédié aux autorités municipales de la commune de Vendeuil, sur le territoire de laquelle les ponts étaient bâtis, l'ordre de les reconstruire avant le lendemain à dix heures du matin sous peine d'une amende de 20,000 francs et d'autres représailles militaires, comme

« l'emprisonnement et le fusillement des principaux habitants. » (1) En une nuit, les ponts furent rétablis, les hommes travaillant, les femmes et les enfants éclairant la rive avec des lanternes. Le colonel, comme témoignage de satisfaction, consentit à réduire l'amende à 10,000 francs; encore voulut-il bien se dessaisir de 500 francs au profit des pauvres de la commune. Après cette œuvre charitable, il poursuivit sa route.

Arrivé vers onze heures du matin au-dessus de Saint-Quentin, M. de Kahlden place deux batteries auprès de la route de La Fère, à trois mille cinq cents mètres du centre de la ville, et s'annonce par trois obus envoyés sans sommation. La garde nationale était aux barricades, mais l'ennemi ne paraissait pas, et il était certain qu'il ne paraîtrait pas. Les trois obus voulaient dire que M. de Kahlden était là et qu'il attendait; d'autres, qui arrivaient par intervalles inégaux, prouvaient qu'il s'impatientait. Le commandant des pompiers et un officier de la garde nationale qui entendait l'allemand partent avec le drapeau blanc. Aux avant-postes, ils trouvent un officier de landwehr qui les mène à M. le colonel. Celui-ci était dans un champ à la tête de ses cavaliers. Près de lui se tenait comme interprète un jeune homme du nom de Berg, Belge de naissance, mais Allemand de profession. On lui gardera un long souvenir dans le département où il fut, durant toute l'occupation, l'instrument haineux des rigueurs de l'ennemi. Le lorgnon sur le nez, blond, petit, grêle, il semblait abriter derrière les géants du Mecklembourg sa faiblesse et son insolence. Quand M. de Kahlden avait parlé, il traduisait d'une voix sèche, en scandant ses paroles, les ordres de « M. le colonel. » Or M. de Kahlden donna l'ordre aux parlementaires d'aller quérir la commission municipale *tout de suite*, ajoutant que, si elle ne se dépêchait pas de venir, il brûlerait

(1) Voici le texte de la lettre :

« Le commandant soussigné ordonne aux autorités municipales de la commune de Vendeuil de faire rétablir immédiatement les ponts conduisant de Brissay-Choigny à Vendeuil, de manière à ce que, demain matin à six heures, la cavalerie, l'infanterie et l'artillerie puissent passer sans difficulté dessus. Si cet ordre n'est pas rigoureusement exécuté, la commune aura à payer 20,000 francs, à part les autres représailles militaires ainsi que l'emprisonnement et le fusillement de ses principaux habitants. On aura donc à travailler toute la nuit. Le maire devra donner quittance qu'il a reçu la présente du *porter*... »

la ville. Quand la commission arriva, il lui remit une pièce curieuse que la ville conserve dans ses archives. C'était un jugement motivé qui frappait la commune : 1° d'une amende de 600,000 fr. « par suite de la prolamation du 18 septembre 1870, signée par M. Anatole de La Forge, ainsi que de plusieurs articles dans le *Courrier de Saint-Quentin* du 30 septembre 1870, contenant des sentiments calculés d'exciter la population à lui faire prendre les armes, et à exprimer des sentiments hostiles à sa majesté le roi de Prusse ; » 2° d'une amende de 300,000 francs et d'une réquisition de vingt chevaux de selle, « pour avoir, dans la journée du 8 octobre 1870, tiré à coups de feu sur une compagnie d'infanterie et trois escadrons de dragons qui étaient envoyés à la ville sans aucune intention hostile, afin de lui remettre des proclamations, et pour avoir détruit les ponts et moyens de communication avec la ville, et avoir empêché les troupes de remplir leur mission. » Il y avait fort à dire sur ce tarif fantastique qui frappait d'une amende de 600,000 francs l'insulte faite à sa majesté le roi de Prusse, et n'en réclamait que moitié pour des coups de feu qui ont jeté par terre quarante Allemands ; mais M. de Kahlden ne souffrit pas qu'on dît la moindre chose. A trois heures, il entra dans la ville et procéda au désarmement de la garde nationale. Une affiche avertit les détenteurs d'armes *quelconques* d'avoir à les déposer dans un délai de deux heures sous peine de mort. (1) Une autre contenait cette phrase unique : « L'autorité allemande prévient que, si un coup de feu est tiré sur un soldat allemand, six habitants seront fusillés. »

La commission municipale se soumit ; elle fit appel à la bonne volonté des habitants pour trouver sur l'heure 950,000 francs, car les chevaux présentés avaient été tous refusés, et l'amende s'était accrue de 50,000 francs. Les souscriptions volontaires n'ayant point suffi, on eut recours aux banquiers de la ville et à la Banque de France, et l'argent fut intégralement compté. La ville fournit encore du sucre, du tabac, des cuirs en quantités invraisemblables. Le

(1) Cette affiche est curieuse : « L'autorité allemande ordonne, sous peine de mort, à tout détenteur d'armes *quelconques* de guerre, de chasse, de luxe, revolvers, pistolets. *et cœtera*, armes blanches, sabres, épées *et autres*, de les déposer dans le délai de deux heures à la gare du chemin de fer. »

22 au soir, tout le produit de cette productive expédition était soigneusement emballé dans des voitures réquisitionnées; puis, avant le jour, sans bruit, avec de si minutieuses précautions que personne n'en fut éveillé, cavaliers et fantassins se glissèrent hors de la ville. M. de Kahlden laissait sur les murs une insolente affiche :

« Si après le départ des troupes allemandes *des nouvelles* « manifestations déloyales, si des désordres quelconques ont « lieu de manière à nécessiter le retour des troupes, il sera « procédé contre la ville avec la plus grande rigueur. Des « contributions fort élevées devront être payées, et chaque « individu compromis ou *soupçonné* sera puni de mort. »

En aucun pays, en aucun temps du monde, le vainqueur n'a plus insolemment dénié au vaincu le droit de la défense, ni pris un moindre souci de tempérer par quelque générosité l'emploi de sa force. Le 48e landwehr, qui était de la campagne de Saint-Quentin, ne se sentait pas d'aise d'avoir accompli pareil exploit, et c'était une joie homérique dans l'état-major de M. de Kahlden quand le jeune baron Berg invitait ceux qu'il rencontrait sur la route à « voir passer le million de Saint-Quentin. »

IX.

LES FAUSSES NOUVELLES ; CAPITULATION DE METZ ET SECONDE INVASION.

Les populations, réduites à dévorer en silence de tels affronts, ne pouvaient se résigner à croire qu'il faudrait les endurer jusqu'au bout. Elles accueillaient avidement les nouvelles les plus invraisemblables, au début surtout : car les mensonges tombèrent, si drus et si gros, qu'à la fin ils ne trouvaient plus de dupes. Pourquoi donc avons-nous tant menti dans cette guerre, et gratuitement ajouté cette honte aux autres ! Ministres qui avez inventé les fameuses hécatombes des carrières de Jaumont et des carrières du Mont-

Valérien; ministres de l'Empire, qui nous avez trompés sur la situation de l'armée de Metz, ministres de la République qui n'avez cessé de montrer à la province un Paris de fantaisie, à Paris une province imaginaire; journalistes qui, le soir de Sedan, triomphiez encore et vendiez au public des récits de victoire, vous êtes bien coupables! Vous avez fait durer les désastres de cette effroyable guerre, en cherchant à prolonger nos illusions, quand vous aviez perdu les vôtres, tant vous redoutiez l'heure de l'aveu final et de notre colère; vous nous avez rendu ridicules aux yeux de nos ennemis, et vous nous avez fait perdre en Europe jusqu'au triste bénéfice de nos malheurs.

Vers la fin d'octobre, Bazaine faisait les frais de l'imagination des nouvellistes : on s'entretenait des exploits du maréchal, on disait qu'il avait brisé les lignes prussiennes, qu'il allait venir; mais les journaux de l'ennemi, qui malheureusement ne mentaient guère, annoncèrent sa capitulation. Dix jours après, le département était foulé du nord au midi par une nouvelle invasion. Une fraction de l'armée qui a pris Metz passe à Château-Thierry, marchant vers Paris; l'autre, plus considérable, déroule pendant près de quinze jours ses colonnes et ses convois sur les routes de Reims à Soissons et de Soissons à Laon; de là elle prend par tous les chemins la direction d'Amiens. Manteuffel la commande, et elle a pour mission de détruire notre armée du Nord. Ce renouveau d'invasion assombrit toutes les pensées, et dans les villages encombrés d'Allemands on se demande ce que les journaux de Paris entendent par ces paroles que « l'Allemagne est définitivement épuisée. »

X.

LE SIÉGE DE LA FÈRE.

A la nouvelle de la capitulation de Metz, La Fère fit ses derniers préparatifs pour soutenir un siége: la possession de cette place était en effet aussi nécessaire à l'armée qui allait opérer dans le Nord que l'avait été la possession de Soissons pour l'armée qui, au mois de septembre, marchait sur Paris. Aussi le 13 novembre le capitaine de vaisseau Planche, récemment nommé au commandement de La Fère, reçut-il la sommation de se rendre. Elle lui fut apportée par le maire et l'adjoint d'une commune voisine, qu'une colonne ennemie avait requis de faire office de parlementaires. Il refusa d'abord de considérer comme sérieuse une démarche contraire à tous les usages; mais sur les instances de ces parlementaires malgré eux, qui lui représentèrent qu'ils devaient rapporter une réponse sous peine de mort, il leur remit un exemplaire de la proclamation que deux jours auparavant il avait fait afficher dans la ville. Il y avait déclaré qu'il se défendrait jusqu'à la dernière gargousse, jusqu'au dernier morceau de biscuit; que, si la place était bombardée, « il ne se laisserait arrêter par aucune considération d'intérêt particulier. » — « Nous aurons des souffrances à supporter, disait-il en terminant; mais nous serons forts et énergiques, et nous montrerons que l'ère des lâches capitulations est passée. » L'énergique officier qui tenait ce langage ne se faisait pas illusion sur la force de la place; mais avant d'en prendre le commandement, il avait reçu la promesse d'être secouru par l'armée du Nord, et il voulait préparer les habitants à tout endurer jusqu'à l'arrivée du secours attendu. Les Allemands, qui savaient trop bien que l'armée du Nord allait être mise hors d'état de songer à autre chose qu'à son propre salut, considéraient déjà La Fère comme ville prise; seulement, pour s'éviter la peine d'un siége dont l'issue leur paraissait certaine, ils se seraient contentés de l'évacuation de la place et du libre passage par le chemin de fer. Ils acceptèrent le défi du commandant, et le lendemain l'investissement de La Fère commençait.

Jamais place n'a mérité aussi bien que La Fère le nom de nid à bombes. Le voyageur qui se dirige vers cette ville en venant de Saint-Quentin découvre, au moment où il dépasse le village de Travecy, une ligne bleue de hauteurs boisées. A sa gauche s'élèvent les collines du Parc et de Danizy, séparées par un court vallon; en face de lui, le plateau de Charmes et d'Andelain; à sa gauche, la forêt de Saint-Gobain va s'inclinant vers les bords de l'Oise. Son regard est attiré au loin par les tours de la cathédrale de Laon, qui apparaissent dans une échappée entre Charmes et Danizy et dominent le paysage; mais ce qu'il ne découvre qu'en dernier lieu, et non sans faire effort, c'est la ville de La Fère, qui est à ses pieds. Vue de trois kilomètres au nord, elle semble adossée aux collines et perdue dans leur ombre.

Comme Soissons, La Fère prend les précautions traditionnelles. Les deux mille sept cents mobiles qui avec quelques francs-tireurs composent sa garnison sont employés aux travaux de la défense. On fait monter les eaux de l'Oise pour inonder la prairie; le faubourg Notre-Dame, qui mène à Danizy, est coupé par des tranchées, et si bien semé de chevaux de frise, cavaliers, casse-cou, que, si jamais l'ennemi s'y engage, il n'en sortira pas; mais telle n'est point son habitude. Encore une fois, pauvres villes fortes du temps passé! quand elles emploient leurs vieux procédés contre les engins nouveaux des brûleurs de villes, elles ressemblent à des insectes pris sous la lourde patte d'un éléphant, et qui, près de mourir, lancent leur dard ou leur venin, parce que leur instinct veut qu'ils fassent ainsi, et qu'ils ne savent ni ne peuvent faire autre chose.

Contre cette place condamnée d'avance, les Allemands emploient toutes les ressources de leur science, de leur nombre, de leur matériel. Leurs précautions sont prises comme s'ils avaient en face d'eux le plus redoutable ennemi. Derrière des murs et des haies, dans de profonds fossés, leurs avant-postes, poussés aussi près que possible de la ville, demeurent immobiles, silencieux, invisibles. Du côté de la campagne, des postes d'infanterie protégés par des tranchées sont établis sur les routes, sur les sentiers, et à coups de fusils écartent les indiscrets. De poste en poste, des cavaliers vont et viennent sans arrêter; d'autres éclairent les routes et les villages voisins. Cependant ces mystérieux assiégeants travaillent ostensiblement sur toutes les collines: à Travecy, mais surtout au sud, à Charmes, à Andelain, à Beraucourt. Certainement c'est là qu'ils établiront leur artillerie, et la place canonne d'importance ces positions; c'est en face d'elles, à côté de la gare, qu'elle met ses meilleures pièces en batterie. A l'est, au petit polygone, dix pièces sont servies par d'anciens canonniers volontaires, c'est la batterie des vieux; quatre regardent Danizy.

Or le 24, à six heures du soir, l'artillerie de l'ennemi et deux cents voitures chargées du matériel nécessaire à l'établissement des batteries arrivaient à Danizy. Depuis deux jours, le piquetage était fait et les emplacements marqués : en moins d'une heure, toutes ces voitures avaient déposé leur chargement, planches, madriers, rails de chemin de fer, pelles, pioches, saucissons, gabions, aux lieu et place désignés d'avance, sans hésitation ni encombre. Aussitôt de la colline du Parc jusqu'à la chaussée du chemin de fer, sur une grande ligne circulaire qui enveloppe le front oriental de la place, les travailleurs se mettent à l'œuvre. En une nuit, ils enlèvent, pour établir les batteries et creuser les fossés où s'abriteront les troupes de soutien, quatre mille quatre cents mètres cubes de terre. A l'approche du jour, de hardies escouades vont à trois cents mètres du bastion scier des peupliers qui auraient gêné le tir; à peine sont-elles rentrées dans les retranchements que le premier obus est tiré sur la ville : il va droit à la chambre du commandant de l'arsenal.

Tout le monde est surpris à La Fère, et les mobiles demeurés au quartier, qui se précipitent à la hâte hors des chambrées, laissant des morts sur les escaliers qui s'effondrent, et les artilleurs de la gare qui prennent le café à l'auberge en face, et *les vieux* surtout, qui avec leurs quatre pièces, portent le principal effort d'un feu infernal. Artilleurs de Sébastopol et de Solferino, ils ne s'étaient jamais trouvés à pareille fête, car ce jour et cette nuit-là trois mille cinq cents obus tombèrent sur la malheureuse petite ville, qu'aisément on traverse en dix minutes dans toute sa longueur. Tous firent leur devoir pourtant, les jeunes comme les vieux; mais les embrasures sont ruinées, la plupart des canons qui peuvent tirer sur Danizy sont démontés, quelques-uns, visés avec une justesse qu'expliquent l'habileté des pointeurs ennemis et la proximité de leur position, sont atteints en pleine âme; à midi, la destruction est effroyable, surtout dans le quartier militaire, à l'est de la ville. La porte Notre-Dame n'a pas une pierre qui ne soit touchée; l'arsenal, les casernes, le magasin à fourrages, s'allument successivement; dans les rues désertes sifflent les boîtes à balles, et des bestiaux, chassés des étables militaires, errent en beuglant. Le 26 novembre au matin, après bien des hésitations et une longue lutte entre l'ardent désir de résister encore et la raison, qui démontre l'inutilité de la lutte, le commandant de place cède aux prières de la ville. Aucun secours n'est possible : quelques troupes venues de Ham se sont en vain heurtées, six jours auparavant, aux lignes d'investissement, auprès de Vouël et de Liez ; quant à l'armée du Nord, elle est aux prises avec Manteuffel. A neuf heures, un parlementaire est envoyé à l'ennemi ; mais le brouillard cache le drapeau, et la violence du bombardement couvre l'appel du clairon. Une heure passe ainsi ; enfin des gens du faubourg qui ont aperçu le signal avertissent les Allemands. Le feu cesse, et bientôt le parlementaire rentre en ville avec un capitaine d'état-major prussien. Ce capitaine s'était moqué quand on lui avait mis le bandeau sur les yeux : il connaissait La Fère aussi bien que personne, disait-il ; il s'était pourtant soumis à cause de la vieille habitude, mais, chemin faisant, il maugréait contre la vieille habitude quand son pied heurtait un obstacle ou que son sabre sonnait contre les fils de fer des casse-cou : c'est le seul service qu'aient rendu ces fils de fer.

XI.

LES PANIQUES DE LAON ET DE LA FÈRE. — DÉBUTS DE L'ARMÉE DU NORD.

Cette facile victoire mettait au pouvoir de l'ennemi la voie ferrée qui, partant de Reims et passant par Laon, Crépy, La Fère, raccorde à Tergnier le chemin de l'Est à celui du Nord. En ce moment, Manteuffel entrait à Amiens après avoir refoulé l'armée française. Il a désormais par La Fère, Laon, Soissons, ses communications assurées à l'est ; au sud, il communique librement avec l'armée de Paris ; il peut laisser à une partie de ses troupes la surveillance de nos places fortes du Nord et commencer avec le reste sa campagne de Normandie. Mais le département de l'Aisne ne devait pas connaître cette tranquillité funèbre qui pesait sur la France orientale depuis que le canon de Metz s'était tu. Pendant tout le mois de décembre, les alertes s'y multiplient. Quelques-unes viennent de l'arrondissement de Vervins, qui n'a point été envahi, et que gouverne le successeur de M. de La Forge, M. Achard, jeune homme qui fut successivement nommé secrétaire général d'une préfecture, parce qu'il était avocat, préfet parce qu'il était secrétaire général, colonel parce qu'il était préfet. De sa résidence du Nouvion-en-Thiérache, il faisait l'appel des mobilisés, et l'on n'aurait eu qu'à se louer de son activité, s'il n'avait signé certains arrêtés qui frappaient, pour avoir subi les exigences de l'ennemi, des personnes très honorables, plus voisines que lui des Allemands, et qui n'avaient point comme lui la faculté de *se replier* avec armes et bagages sur les places du Nord On sait d'ailleurs que comme ses chefs et ses collègues, il mêla la politique aux préoccupations de la défense, et que, pour n'avoir pas trouvé grande docilité chez les électeurs, ce préfet de hasard s'avisa d'écrire un jour que le département de l'Aisne était « pourri ». Du moins M. Achard eut le mérite de troubler plus d'une fois le sommeil du préfet Landsberg. Les Allemands regardaient avec anxiété de ce côté du département, qui était demeuré terre libre. Les troupes qu'on y avait cantonnées n'étaient pas redoutables; ces huit mille hommes se composaient de mobiles, qui firent plus tard leur devoir, comme de vieux soldats sur les champs de bataille, mais aussi de mobilisés qui passaient leur temps dans l'oisiveté, faute d'officiers qui pussent les instruire, enfin de francs-tireurs qui, le plus souvent, ont fait du mal à d'autres qu'à l'ennemi : pourtant à chaque mouvement annoncé de Vervins, l'alarme était parmi les Prussiens de Laon.

Mais voici qu'un nouvel acteur beaucoup plus redoutable allait entrer en scène. La Fère était à peine prise depuis quelques jours, et les journaux allemands commençaient à raconter la marche triomphale de Manteuffel vers l'Océan, quand les troupes d'occupation du département de l'Aisne sont tout-à-coup saisies de panique. La Fère voit sa garnison dresser les ponts-levis, garnir les remparts d'artillerie; dans les rues, des sentinelles, le fusil chargé, dispersent les rassemblements de plus de trois personnes. L'alarme va jusqu'à Laon, où le préfet met en sûreté sa personne, ses secrétaires et sa caisse, pendant que la garnison enferme à la citadelle ses munitions et ses vivres. Un soir un coup de feu retentit; la générale bat, les officiers courent, les hommes se précipitent hors des maisons; on ne soupçonnait pas au landwehrien cette agilité. Tout ce monde s'enferme dans la citadelle, où l'on apprend que le coup de feu a été tiré par une sentinelle ivre. Le lendemain, on criait par la ville l'avis suivant :

« A partir de sept heures du soir, il est défendu de sortir sur la voie publique sans avoir une lanterne allumée. En cas d'alerte, signalée par le tambour ou la trompette, chacun devra rentrer immédiatement dans son domicile. Dans ce même cas, les fenêtres du premier étage de chaque maison donnant sur la voie publique doivent être éclairées. Ces dispositions sont prises dans l'intérêt des habitants. Le commandant leur enjoint de s'y conformer rigoureusement. »

Le commandant fut obéi : à la nuit tombante, il vit dans les rues plus de lanternes qu'il n'en aurait voulu voir; elles étaient de toutes les couleurs, et des reflets jaunes, violets, rouges, verts, éclairaient les figures narquoises de ceux qui les portaient. Ce ridicule arrêté fut, trois jours après, retiré: les Allemands s'étaient rassurés pour un moment; mais d'où était venue cette subite inquiétude?

Le général Faidherbe avait pris le commandement de l'armée du Nord. Cette armée, née au milieu de nos désastres, a vécu trois mois en combattant, et son histoire est un glorieux épisode dans cette triste guerre. M. le général Faidherbe l'a racontée dans une courte et sobre notice que devront lire ceux qui cherchent des raisons de ne point désespérer de l'avenir. Au milieu d'octobre, l'organisation n'était pas même commencée. Quelques bataillons de mobiles, sans cadres convenables, sept dépôts de ligne, qui envoyaient des détachements dans le centre de la France, un dépôt de dragons, qui fournissait à peine quelques cavaliers d'escorte, une batterie qui n'était pas en état de marcher, tels étaient les éléments qu'avaient trouvés en octobre 1870 le commissaire général chargé par M. Gambetta d'organiser la défense dans la région du nord. Il se mit à l'œuvre pourtant, aidé par M. le colonel Farre, directeur des fortifications de Lille, qui lui fut adjoint avec le grade de général de brigade. Pas une heure n'est perdue. Quand le général Bourbaki prend le commandement en chef, le 22 octobre, avec le général Farre, qu'il a nommé major-général, l'œuvre est en bonne voie ; quand il la quitte, le 19 novembre, une première division est organisée, six batteries sont à peu près en mesure d'entrer en campagne ; d'anciens sous-officiers, des officiers évadés de Metz et de Sedan, ont fourni les cadres. Resté à la tête de l'armée, le général Farre forme une seconde division, et il achève les préparatifs nécessaires à la mobilisation des troupes. Des marchés sont conclus pour l'habillement et l'équipement ; mais, comme la fabrication de ces objets se fait d'ordinaire à Paris, il avait fallu s'adresser à l'étranger en même temps qu'à l'industrie privée et ne point se montrer difficile sur la qualité des fournitures. Peu nombreuses et accablées de besogne, les commissions de vérification acceptèrent un jour une livraison de souliers dont les semelles se composaient d'une feuille de carton entre deux tranches de cuir. Les malheureux soldats qui usèrent en quelques jours ces souliers sur les routes durcies par la gelée ou détrempées par la pluie purent envier le sort des fameux volontaires en sabots de la première république. Il ne faut point s'étonner qu'une aussi faible armée n'ait pu ni secourir La Fère, ni soutenir, le 27 novembre, le choc de l'armée de Manteuffel dans cette bataille d'Amiens où 35,000 Allemands furent engagés. On avait organisé à la hâte, quelques jours avant le combat, la 1re brigade d'une seconde division ; le jour même, une batterie arrivait sur le champ de bataille, par le chemin de fer, à dix heures du matin, et ouvrait son feu à une heure de l'après-midi. Le service des munitions n'avait pas pu être complétement assuré, car l'artillerie et l'infanterie en manquèrent à la fin de la journée. Pourtant l'ennemi éprouva des pertes aussi fortes que les nôtres, et, quand il ramassa nos morts sur le champ de bataille, il n'en put croire les livrets qui attestaient que de très jeunes soldats avaient combattu avec tant d'honneur contre de vieilles troupes. Mais ce qui donne à l'histoire de l'armée du Nord un intérêt particulier, c'est qu'en dépit de toutes les épreuves elle continue à s'organiser et à s'accroître, et qu'elle n'est jamais si près de rentrer en ligne que quand l'ennemi la déclare battue et détruite. Quand le général Faidherbe en prend le commandement, la seconde division est complétée, et l'armée du Nord s'appelle le 22e corps. Aussitôt une troisième division s'organise, et déjà l'artillerie compte dix batteries; 30,000 hommes et 60 canons sont prêts à entrer en campagne. Cinq jours après son arrivée, le général Faidherbe se mettait à la tête de l'armée; la garnison prussienne de Ham était enlevée, La Fère menacée, et des journaux prussiens qualifiaient d'imprudent le mouvement de Manteuffel, qui interrompait sa marche sur Le Havre. Immédiatement les renforts arrivent de toutes parts à l'ennemi, qui opère d'importantes concentrations de troupes; mais l'armée du Nord s'accroît de trois batteries nouvelles et d'une quatrième division, formée de mobilisés. Elle se divise en deux corps d'armée, le 22e et le 23e, commandés le premier par le général Paulze d'Ivoy, le second par le général Lecointe. Faidherbe commande en chef avec le général Farre pour major-général. De ce jour jusqu'à la conclusion de l'armistice, Faidherbe poursuit avec une habileté, une persévérance qu'on ne saurait trop admirer, l'exécution du seul plan qu'il lui fût permis de suivre : se tenir autant que possible à portée des places fortes, tenter de temps à autre une pointe hardie, battre l'ennemi où il n'est pas en trop grand nombre, le tenir constamment en haleine, l'empêcher d'inonder les provinces ouvertes et de se porter sur Paris, si l'armée d'investissement de la capitale venait jamais à être menacée. La tâche était rude avec cette armée de 40,000 hommes, qui comptait à peine un tiers de troupes solides. Malade, accablé de fatigues, sans illusion sur l'issue de la campagne, nullement enclin à l'espérance, comme il paraît bien à la trop triste conclusion de son livre, Faidherbe soutint pourtant l'âme de ses soldats par la confiance qu'il leur inspirait. Déconcertés par la nouveauté d'une vie si rude, par la misère et le froid, par la continuité des malheurs de la patrie, ils reprirent courage et furent dociles à la main du général « fait de bronze, » comme ils disaient.

Chaque fois que Faidherbe a frappé quelque coup vigoureux, les Allemands se donnent beaucoup de mal pour démontrer qu'ils l'ont battu. Ils abusent des apparences, qui sont contre lui, puisqu'il est obligé de ramener toujours son armée à la portée des places fortes, et ils se moquent de ses victoires qui font reculer le vainqueur; mais dans le département de l'Aisne on sait bien que l'ennemi n'est point aussi rassuré qu'il veut le paraître, car à peine Faidherbe a-t-il opéré ses premières concentrations de troupes, et débuté le 23 décembre à Pont-Noyelles, qu'on voit arriver les renforts envoyés à Manteuffel : 8,000 hommes venant de Montmédy passent à Saint-Quentin. Après la bataille de Bapaume, l'ennemi célèbre une nouvelle victoire ; mais on croit plus que jamais aux courtes et mâles proclamations par lesquelles Faidherbe félicite ses soldats, quand on voit se replier les troupes allemandes, qui, s'étendant pour la première fois dans le nord du département, avaient occupé Guise et semblaient menacer Vervins. Inquiet de l'audace croissante de Faidherbe, von Gœben, qui a succédé à Manteuffel, concentre ses forces à la fin de décembre pour lui tenir tête. Faidherbe allait exécuter la plus hardie expédition qu'il ait entreprise, et livrer une des grandes et sanglantes batailles de cette guerre.

XII.

BATAILLE DE SAINT-QUENTIN.

Au moment où devait être tenté de toutes parts le suprême effort que commandait la prévision de la chute prochaine de Paris, l'armée du Nord quitta ses cantonnements de Boisleux, près d'Arras, le 10 janvier. Il était impossible de songer à marcher sur Paris avec une si faible armée, car les Allemands avaient fait sauter tous les ponts de la Somme, d'Amiens à Corbie ; ils s'étaient barricadés dans les villages de la rive droite ; ils avaient couvert Amiens en fortifiant le cours de la Hallue, affluent de la rive droite de la Somme. Le général Faidherbe, qui savait que la garnison de Paris allait tenter une sortie, résolut de marcher sur Saint-Quentin, de manière à faire craindre à l'ennemi que ses communications ne fussent coupées à Tergnier, entre Reims et Compiègne d'une part, entre Reims et Amiens de l'autre. « J'étais sûr, dit-il, d'avoir bientôt affaire à des forces considérables ; mais le moment de se dévouer était venu. » Malheureusement deux incidents dérangèrent ses combinaisons. Péronne, qui était investie depuis le 18 septembre, et qu'il comptait débloquer, capitula le jour même où il se mettait en marche, après avoir subi un furieux bombardement qui n'a épargné que de rares maisons dans la petite ville. L'armée du Nord était obligée de laisser derrière elle, occupée par l'ennemi, une place sur laquelle elle aurait pu s'appuyer dans son mouvement vers le sud. Une autre opération, confiée à un petit corps d'armée qui reçut l'ordre de chasser de Saint-Quentin la garnison saxonne, eut un meilleur succès; mais elle révéla trop tôt les projets de l'armée française au général von Gœben. Pendant que sur les chemins luisants de verglas nos jeunes soldats marchaient péniblement sans avancer vite, von Gœben prenait la direction de St-Quentin, et les renforts lui arrivaient de tous côtés. A Laon, le 16 janvier, le 17, le 18, on voit passer, le jour, la nuit surtout, d'énormes convois de troupes qui viennent de Reims et se dirigent vers La Fère. Plusieurs, sinon tous, arrivent de Paris. D'autre part, Chauny a logé des troupes envoyées de Compiègne. Le 18 janvier, l'ennemi était déjà en mesure d'attaquer en forces notre armée près de Vermand, à l'ouest de Saint-Quentin ; un combat sanglant est livré ce jour-là Dans l'ordre du jour qu'il adresse le 18 à dix heures du soir à son armée, von Gœben regrette que les forces allemandes qui ont été engagées n'aient « pu suffisamment poursuivre l'ennemi, ni arriver aux positions qui leur avaient été assignées; » mais il annonce pour le lendemain une belle et complète victoire. Evidemment il croyait anéantir d'un seul coup l'armée du Nord. Il trace à grands traits le plan de la bataille : le général Kummer attaquera la ville par l'ouest , en suivant les routes de Vermand et d'Étreillers ; il étendra sa gauche jusqu'à la route de Cambrai. et tournera Saint-Quentin au nord; le comte de Lippe attaquera par le sud, en suivant la route de La Fère, et s'efforcera d'étendre sa droite de façon à envelopper la ville par l'est. La réserve se tiendra entre les deux corps d'armée sur la route de Ham.

Le 19 au matin, la bataille s'engage au sud et à l'ouest de Saint-Quentin. Le canal, qui suit une ligne à peu près droite dans la direction du sud-ouest, partage en deux parties le vaste champ de bataille. A droite du canal, en tournant le dos à la ville, notre 23e corps s'étend jusqu'à la route de Cambrai ; à gauche, une division et une brigade du 22e corps occupent au lever du jour les hauteurs de Gauchy et de

Grugies ; l'autre brigade est en réserve à Saint-Quentin. Nos lignes de retraite sont les routes du Cateau et de Cambrai. Une brigade de mobilisés est postée à Bellicourt, au nord de Saint-Quentin, pour les protéger. L'action commence du côté du 22e corps. L'ennemi attaque les hauteurs de Gauchy et de Grugies avec des forces considérables, les divisions Barnekov, prince Albert, Lippe, et la brigade de cavalerie de la garde, commandée par le prince de Hesse. Les nôtres, fort inférieurs en nombre, sont couverts par leurs tirailleurs et protégés avec une remarquable efficacité par une batterie établie sur une éminence, à mi-chemin de Gauchy à Saint-Quentin, près du Moulin-de-Tout-Vent. Mais bientôt se dessine le mouvement tournant : sur la route de La Fère l'ennemi masse ses colonnes, et menace de déborder notre gauche. La 4e brigade arrive alors au pas de course, et, se plaçant à la gauche du 22e corps, étend notre front de bataille jusqu'à la route de La Fère. Elle prend même l'offensive et s'avance sur la route ; mais le colonel Aynès, qui la commande, tombe mortellement frappé, et l'ennemi ramène nos troupes jusqu'aux premières maisons du faubourg d'Isle. Heureusement, le 88e de marche l'arrête et le refoule par une charge à la baïonnette.

Cependant l'attaque des hauteurs de Gauchy continue ; l'ennemi lance six fois à l'assaut de fortes colonnes chaque fois renouvelées ; nos soldats repoussent les assaillants, les poursuivent, s'approchant d'eux à quelques pas. Dans ces combats livrés de si près, où l'homme regarde l'homme en face, où comptent le courage, l'élan, l'adresse du soldat, ils malmènent leurs adversaires, dont les cadavres recouvrent le sol. Une charge d'un régiment de hussards allemands est en quelques minutes arrêtée, brisée par les feux d'ensemble. Sur ce point du champ de bataille, nous avions de très jeunes soldats, les mobiles du 91e et du 46e ; mal équipés, armés de médiocres fusils, ils ont mérité que le général en chef déclarât qu'ils avaient rivalisé de courage avec les vieilles troupes à côté desquelles ils ont combattu. Notre artillerie tenait toujours tête à l'artillerie ennemie : cinq batteries étai nt venues s'établir autour du Moulin-de-Tout-Vent ; de cette admirable position, l'on découvre tout le champ de bataille, riche territoire où la charrue n'a laissé debout que quelques bouquets d'arbres, au milieu desquels se cachent les grandes fermes et s'élèvent les cheminées des sucreries.

Du côté du 22e corps, l'action n'a été, quatre heures durant, qu'un combat de tirailleurs et d'artillerie. En allant du canal à la route de Cambrai, on rencontre successivement la brigade Lagrange, la brigade Isnard, et la division des mobilisés. La brigade Michelet est en réserve. Deux batteries sont établies à l'extrême droite pour défendre la route de Cambrai. Au centre, une batterie occupe une position qui vaut celle du Moulin-de-Tout-Vent; enfin l'artillerie de réserve couronne à la gauche du 23e corps des hauteurs qui commandent la route de Ham, par laquelle l'ennemi attend ses renforts. C'est vers deux heures de l'après-midi seulement que l'ennemi tente d'exécuter à notre droite le mouvement tournant prescrit par von Gœben. Il attaque vivement la division des mobilisés, qui abandonne le village de Fayet, et découvre un moment la ligne de retraite; mais des troupes et de l'artillerie envoyées en toute hâte par le général en chef, la brigade de mobilisés, accourue de Bellicourt, rétablissent le combat. Fayet est repris et occupé par un bataillon de mobiles. A gauche, les brigades Isnard et Lagrange contiennent l'ennemi, et pénètrent à plusieurs reprises dans le bois de Savy, où se livrent de sanglants combats.

Jusqu'à trois heures de l'après-midi, les Allemands sont tenus en échec; leurs efforts pour tourner notre droite par la route de Cambrai, notre gauche par la route de La Fère, pour percer notre centre à Gauchy, ont échoué. Il s'en faut que le général von Kummer ait accompli sa mission, qui était de *culbuter tout ce qu'il trouverait devant lui*. Notre artillerie, admirablement postée, dirigée et servie, fait subir aux masses allemandes des pertes énormes. Deux batteries essaient de nouveaux obus inventés par le général Treuille de Beaulieu : ces obus, en éclatant, projettent à 200 et 300 mètres en avant une gerbe de balles qui mettent en débandade l'infanterie. La fureur et la frayeur des Allemands sont au comble : ils en donnent, dans les villages qu'ils occupent, des preuves non équivoques. L'officier sait bien que les renforts arrivent, qu'ils arriveront toute la journée, demain encore et après-demain, jusqu'à ce que nous ayons plié, écrasés par le nombre. Il se montre fort calme. A la ferme de *la Manufacture*, près de la batterie placée en avant d'Essigny, pendant que les hommes de la troupe de soutien pillent la maison de la cave au grenier et que deux femmes, qui ont voulu rester là, tremblent sur leurs chaises collées au mur, l'officier, nonchalamment étendu sur le lit, joue avec la frange du rideau, et, voyant les deux malheureuses qui prient et qui pleurent, il disserte sur la Providence, dont la main châtie la France trop doucement encore. Au Hamel-Seraucourt, un jeune officier prussien entre au plus fort de l'action dans la maison d'habitation de la sucrerie : on y travaillait depuis le matin à préparer une ambulance, mais ce jeune homme est pressé, il frappe avec son sabre sur une table, comme il eût fait à l'auberge. On arrive. « Que demandez-vous? — Vous devez avoir du champagne? — Je crois que oui. — Il faudrait en être sûr...» Il n'y avait pas à répliquer ; on descend à la cave. Le Prussien se promène, frisant sa moustache blonde, se pinçant la taille. On apporte une bouteille. « Quelle marque ? demande-t-il. — C'est trop fort, regardez vous-même. — Oh ! ne vous fâchez pas, » et il soulève la bouteille. « Excellente marque! Le colonel l'apprécie beaucoup. Il en faut quinze bouteilles, » et il sort en saluant suivant toutes les règles de l'art. Mais on ne trouve pas cette assurance parmi les troupes de réserve qui depuis le matin encombrent les villages ; elles sont fort exigeantes : après avoir bien mangé, le soldat se fait faire des tartines, qu'il emporte; après avoir bien bu, il fait emplir sa gourde. Beaucoup de ces héros sont ivres. Vers deux heures, leur fureur ne connaît plus de bornes. Les blessés arrivent en foule : on en compte 800 dans le seul village d'Essigny, et des cavaliers sont venus requérir le fossoyeur et des habitants pour cacher les morts aux nouvelles troupes qui entrent en ligne. « C'est votre faute, brigands de Français ! » hurlent les soldats, et ils frappent ; d'autres vont se cacher dans les greniers et les caves. On en aurait trouvé plus de 200 dans les greniers d'Essigny.

La panique ne dure pas longtemps. Par la route de Ham, des renforts qui viennent d'Amiens se portent sur le 23e corps ; le 22e est attaqué sur tous les points par ceux qui arrivent de La Fère A Vendeuil, à 8 kilomètres de La Fère, l'artillerie, l'infanterie, la cavalerie, défilent depuis le matin ; des troupes stationnent dans le village. On leur fait de la musique pour les distraire. A six heures, il en arrive encore qui viennent de Gonesse ; le lendemain, il en arrivera d'Evreux. On voit que, si M. de Moltke avait donné l'ordre à von Gœben de détruire l'armée du Nord, il lui en fournissait les moyens. La bataille est perdue à quatre heures. Du côté du 22e corps, la 2e brigade de la 1re division, menacée d'être débordée par sa droite, cède enfin les hauteurs de Gauchy; la gauche suit ce mouvement, et notre artillerie, après avoir dirigé sur l'ennemi ses plus formidables bordées, rentre dans Saint-Quentin par le faubourg d'Isle ; elle est protégée dans sa retraite par la barricade établie dans le faubourg et qui est armée de 4 canons de montagne. En même temps le 23e corps était rejeté sur la ville après avoir longtemps disputé le terrain à l'ennemi, qui s'avance sur la route de Ham et le long du canal ; il est protégé par les barricades construites à l'entrée du faubourg Saint-Martin. Le 22e corps se retire par la route de Cambrai, le 23e par la route du Cateau. Sur les pas de nos soldats, l'ennemi entre dans la ville après y avoir envoyé des obus. La nuit est tombée, les rues sont désertes ; les hurrahs font trembler les habitants dans les maisons ; 6,000 ou 7,000 des nôtres sont pris dans la ville : c'étaient les soldats débandés, perdus, fatigués, et les compagnies qui s'étaient dévouées pour retarder la marche de l'ennemi ; mais plus de la moitié de ces prisonniers parvint à s'enfuir et à rejoindre l'armée. Les pièces de montagne, abandonnées sur les barricades, tombent au pouvoir des Allemands; mais nos quinze batteries de campagne n'ont perdu ni une pièce ni un caisson.

Ce fut une triste nuit pour Saint-Quentin et les environs que celle qui suivit la bataille. « Avez-vous des parents à Saint-Quentin? demandait le soir de la bataille un colonel saxon dans une maison de Vendeuil. — Oui, lui répondit-on. — Je le regrette, reprit-il, car nous laisserons nos hommes piller ce soir. » Maintes maisons furent en effet pillées dans le faubourg et dans la rue d'Isle. Nous voulons bien que ce soient des horreurs comme il s'en commet dans toutes les guerres; mais il faudrait ne pas les commettre pour avoir le droit de se dire une armée modèle. Pas plus que le pillage, l'ivrognerie ne sied au soldat élu de Dieu pour châtier les iniquités de la France. Or ces vainqueurs avaient une soif inextinguible. « Il fallait les voir, nous disait le meunier du Moulin-de-Tout-Vent, quand ils sont arrivés après le départ de nos braves artilleurs ! Ils étaient quatre-vingts, ils se précipitèrent vers la cave; il y avait un peu de vin, ils le boivent ; il y avait du cidre, l'un d'eux, un tonnelier, bien sûr, perce les pièces, et ils boivent du cidre ; il y avait du lait, ils se le disputent ; ils trouvent quelques bouteilles d'eau-de-vie, et les avalent ; il restait quelques jattes de crème, ils les happent avec leur langue, comme des chiens, en grognant les uns contre les autres ! Toute la nuit, il a fallu les servir ; sitôt qu'il y en avait un qui ouvrait l'œil, il demandait à boire, et figurez-vous qu'il y en avait toujours un qui ne dormait pas ! » Ainsi vont les choses dans les maisons où l'Allemand vainqueur a élu domicile. Il s'en donne à cœur joie, et après avoir empli son ventre, ses poches et son sac, il s'endort près de la cheminée où brûle toute la nuit le bois amoncelé.

Cependant nos pauvres soldats, mourant de fatigue et de faim, se traînent péniblements ur les routes que le dégel a détrempées. Ils vont à la débandade : une si jeune armée ne sait pas battre en retraite. A Cambrai, Valenciennes, Lille, ils donnent le spectacle d'une lamentable déroute. Les télégrammes allemands chantent victoire, et Guillaume, étrennant son titre impérial, dénombre les canons et les prisonniers qu'il a ramassés à Saint-Quentin. Les Allemands qui ont assisté à la bataille n'ont pas d'airs si triomphants. Les soldats avouent leurs pertes : « Français morts hauts comme cela, disun chasseur s axon, et, en relevant la main, — nous hauts comme cela ! » Les officiers parlent avec admiration des dispositions prises par Faidherbe et de on artillerie. D'ailleur, ils assurent tous qu'ils tenaient à l'avance la victoire pou certaine : retardée d'un jour, elle eût été plus complète. Cependant ils avaient espéré d'autres résultats. « Si nous avions été vainqueurs dès le matin, disait un général saxon, Saint-Quentin aurait été un nouveau Sedan ! » Von Gœben lui-même est plus modeste après qu'avant la bataille. Il n'a pas suivi de très près l'armée vaincue, par il croit qu'elle s'est retirée en partie sur Cambrai, en eartie sur Guise, tandis qu'elle a pris les routes de Cambrai et du Cateau. Le 21 janvier, il prescrit aux généraux Kummer et Grœben, dans le cas où ils seraient *pressés pır l'ennemi* en le poursuivant, de se replier le premier sur Amiens, le second sur Péronne.

C'est qu'en effet, si ébranlée qu'elle fût, l'armée du Nord n'était pas détruite. Il est vrai que les bataillons ont plié, et que pendant l'action même beaucoup d'hommes qui s'étaient cachés furent traqués dans les rues de Saint-Quentin et poussés au feu par les gendarmes ; mais ceux qui ont vu dans leurs cantonnnements les mobiles et les mobilisés, ces derniers surtout, soldats de la veille conduits par des officiers souvent aussi novices qu'eux-mêmes, leur pardonneront d'avoir eu des défaillances. Après tout, est-il plus d un peuple en Europe, qui, après la destruction de toutes ses forces régulières, trouverait sans plus d'efforts des armées qui sur tous les points du territoire disputent à l'ennemi, comme ont fait les nôtres, une victoire presque consommée ? Parmi nos jeunes officiers, beaucoup n ont trouvé qu'à grand'peine le loisir de feuilleter les pages d'une théorie, et nos jeunes soldats ont eu moins de temps pour apprendre tout leur métier que n'en ont mis les militaires allemands pour apprendre l'exercice du pas décomposé. Et quels terribles débuts que les leurs ! Cette marche de trois jours par des chemins affreux avant d'arriver à Vermand, cette bataille de deux jours contre une armée aguerrie, deux fois plus nombreuse, et dont le chemin de fer a déposé doucement les renforts à quelques kilomètres du champ de bataille, couronnaient dignement cette campagne de deux mois, pendant laquelle l'armée du Nord avait livré quatre batailles, plusieurs combats, et infligé à l ennemi des pertes que le général Faidherbe évalue à vingt mille hommes.

Le général travaillait sans relâche à refaire son armée, et le 10 février il était prêt à rentrer en ligne avec un effectif presque égal à celui qu il comptait à Saint-Quentin, grâce à l'incorporation de nouveaux mobilisés ; mais la France avait déposé les armes le 29 janvier. Entre l'armée française, qui garde les départements du Pas-de-Calais et du Nord, et l'armée allemande, l'armistice mettait une frontière large de 10 kilomètres. Le département de l'Aisne va donc être livré presque tout entier à l'occupation allemande. On était si bien revenu de toutes les illusions que la nouvelle de l'armistice fut accueillie avec plaisir, et celle de la paix attendue avec impatience. On espérait que le terme des souffrances était venu pour les pays envahis, et nul ne se doutait que l'ennemi tînt encore en réserve de nouvelles rigueurs, ni que ses préfets pussent faire regretter ses généraux.

XIII.

L'ADMINISTRATION ALLEMANDE.

Le département de l'Aisne était du ressort du gouvernement de Reims, où se succédèrent le duc de Mecklembourg et M. de Rosenberg. Auprès du gouverneur se tenaient le prince Charles de Hohenlohe, le comte Charles de Taufkirchen, commissaires civils, et M. Pochhammer, directeur des contributions ; au-dessous, les préfets des départements. Ces personnages inaugurent leurs fonctions par de cérémonieux saluts au public ; ils promettent par voie d'affiches leur bienveillance à leurs administrés, auxquels ils demandent en échange leur confiance et leur concours. Ils les invitent à se désintéresser des malheurs de la patrie, à s'arranger au milieu de nos désastres une vie égoïste et honteuse, ou, comme dit le duc de Mecklembourg, à « s'assurer les bienfaits de la paix avant sa conclusion définitive. » Ils réconfortent contre toute crainte de poursuite après la guerre ceux qui consentent à l'oubli de leurs devoirs patriotiques, par exemple les conscrits qui ne se rendent point à l'appel. « Tous les traités de paix de ce siècle, dit leur journal officiel, ainsi celui de Paris du 30 mai 1814, celui de Prague de 1866, contiennent des dispositions spéciales et garantissent les citoyens contre les poursuites *relativement à leur attitude pendant la guerre.* » Il n'est donc pas impossible de vivre heureux et paisible sous la domination prussienne. Si l'on veut bien se livrer à « ses occupations habituelles, » se complaire en la société de ses hôtes, aller écouter leur musique, qui est excellente, mais n'a pas d'auditoire, saluer dans la rue au moins les colonels, renoncer aux journaux « hostiles aux armées allemandes » et faire ses délices du *Moniteur de Reims*, déposer provisoirement à la mairie ses armes de guerre, de chasse, de luxe, dût ce provisoire être éternel ; si l'on veut bien s'abstenir de tout contact avec les gens malveillants qui portent des armes « sans faire partie des troupes alliées, » dénoncer les francs-tireurs ou tout au moins se battre avec eux s'ils s'avisent de faire sauter un pont, d'enlever un rail, de couper un fil télégraphique, on sera garanti contre tout risque et péril d'emprisonnement, déportation et autres représailles prévues par les lois de la guerre, à moins qu'on n'ait un jour la velléité de réclamer contre une réquisition, de discuter une amende, de contester la répartition des impôts directs et indirects, c'est-à-dire de défendre sa bourse après avoir livré son honneur, ce qui serait en vérité une prétention exorbitante.

Il fallait pourtant trouver dans son cœur des trésors de patience ou la conviction profonde de l'inutilité de toute résistance pour supporter l'administration financière des Prussiens. Leur rapacité était rendue plus insupportable par leur orgueil : leur désir de nous humilier était presque aussi fort que celui de nous appauvrir. Passe encore pour les réquisitions de vivres, bien que le menu fameux du soldat allemand soit ruineux pour celui qui l'héberge; de lumière, bien qu'il en coûte cher pour éclairer des soldats qui n'aiment pas à dormir sans chandelles ; de bois, bien qu'ils aient rapidement vidé un bûcher, en entretenant jour et nuit un feu de vingt bûches, dressées les unes contre les autres ; voire même de tabac et de cigares, bien que ces grands fumeurs aient épuisé toute la provision accumulée dans les ma asins du Nord ; mais le libellé de certains ordres de réquisition était une insulte aux vaincus. N'eût-il pas mieux valu réclamer au conseil municipal de Saint-Quentin 3,780 francs, en invoquant à l'appui de cette demande le simple désir de se procurer 3,780 francs, que d'envoyer le mémoire du commandant des télégraphes de la première armée, qui s'en remet à la municipalité de Saint-Quentin du soin de solder ses officiers et employés? N'est-ce pas une idée étrange de faire payer à la même ville 2,500 francs pour sa quote-part dans la dépense de l'éclairage au gaz de l'armée allemande devant Paris? M. de Landsberg n'a-t-il pas poussé un peu loin le goût de la plaisanterie, quand pour mettre en lieu convenable sa recette quotidienne, chaque jour plus abondante, il s'avisa de requérir le maire de Laon de lui fournir un vaste et solide coffre-fort, non pas *tout de suite*, car M. de Landsberg était très-poli, mais « dans une heure, sous peine d'une amende de mille francs. »

Ces réquisitions de vivres, de matériel, auxquelles il convient de joindre les amendes de toutes sortes, pour de prétendues insultes à des officiers et à des soldats, ou pour de prétendus coups de fusil tirés par des habitants, n'étaient que des accidents de la vie de chaque jour; elles constituaient le budget extraordinaire de l'invasion. Le gouverneur-général de Reims avait son budget ordinaire dressé par M. Pochhammer, commissaire-général de l'administration des finances. Le rêve de M. Pochhammer aurait été de se susbtituer purement et simplement à l'Etat français, et de percevoir « les contributions, impôts et droits de toute nature en vertu de nos lois, et par l'intermédiaire de nos employés. » Mais « la rentrée des droits d'après les lois françaises étant devenue inexécutable, dit ingénument le gouverneur-général de Reims, dans son arrêté du 22 octobre 1870, par le refus constant des employés supérieurs français, chargés du service régulier, » il avait fallu recourir à des expédients. Les contributions directes et indirectes furent donc supprimées par l'article premier de l'ordonnance, mais remplacées, en vertu de l'article 2, par une contribution unique composée : « de la quote-part assignée aux communes dans les états généraux de sous-répartement des contributions directes, dressés par les conseils d'arrondissement, et de la somme du produit des droits d'enregistrement et de timbre, ainsi que des contributions indirectes, non compris le revenu du tabac, du sel et de la poudre. » Les maires étaient chargés de la répartition de l'impôt; le gouverneur-général eut l'audace de leur recommander de faire une répartition aussi consciencieuse que possible, « en considérant de préférence la fortune, l'état et le commerce de chaque contribuable. » (1) Le maire de chaque commune devait recevoir au début de chaque mois un douzième, et verser le 6 entre les mains du maire du chef-lieu de canton; celui-ci devait verser le 10 à la caisse générale du département. Comme toute peine mérite salaire, l'article 7 attribuait au maire de chaque commune une remise de 3 %, au maire du chef-lieu de canton 1 % en plus, pour frais d'encaissement et de versement.

Tels sont les principaux articles de l'ordonnance qui fut une inépuisable source de tourments pour les pays envahis. Ce n'était point assez de faire remonter au 1er septembre les obligations des communes envers le Trésor du gouverneur-

(1) Lettre de M. Rosenberg, successeur du duc de Mecklembourg, au maire de Laon, communiquée au conseil le 8 novembre.

général, et de donner ainsi une rétroactivité d'un mois et demi à la mesure qui frappait les départements envahis ; les préfets refusaient de tenir compte des versements par anticipation, qui représentaient une somme très-considérable, et leur façon d'évaluer les contributions indirectes montrait bien qu'ils avaient d'autres intentions que celle de se substituer à l'Etat français. Ces contributions avaient finalement été remplacées par un impôt de 50 francs par tête d'habitant ; ce mode d'évaluation très-simple permettait aux intéressés de discuter les feuilles de contributions qui leur étaient envoyées; aussi la préfecture prussienne n'en tenait-elle aucun compte. Le 27 janvier, le maire de la commune d'Aulnois s'aperçoit qu'il a commis au préjudice de sa commune une erreur d'évaluation de 11,448 fr. 58 c.; il envoie immédiatement à M. de Landsberg une réclamation parfaitement motivée, où il vise le texte même de l'ordonnance, très-précise, du gouverneur-général. Trois jours après, il reçoit la réponse suivante :

Monsieur le Maire,

En réponse à votre lettre du 27 courant, je viens vous informer que le montant provenant de l'augmentation de 50 francs pour chaque individu de la population, n'a pas été *répartie* entre les communes du département d'après le nombre d'habitants. mais d'après leur quote-part dans la somme des contributions directes payée antérieurement.

Recevez, Monsieur le Maire, l'assurance de ma parfaite considération.

B[on] DE LANDSBERG.

M. le maire d'Aulnois comprit qu'il fallait payer. Il paya, à 8 francs près, la contribution de 34,008 francs imposée à sa commune de 305 habitants ; mais M. de Landsberg n'était pas homme à « négliger les centimes, » comme on dit. Il envoya chercher les 8 francs oubliés, par quarante hommes et un officier qui les rapportèrent, après s'être fait donner 86 fr. pour frais de déplacement et de recouvrement.

L'envoi de garnisaires, entretenus à grands frais par les communes et chèrement payés, était un des moyens de coercition les plus doux, parmi ceux qu'employaient les agents du fisc prussien ; le plus odieux était l'enlèvement d'otages, choisis parmi les personnes notables des communes récalcitrantes. Ces otages étaient traités comme des malfaiteurs. Nous en connaissons qui, enlevés un jour de janvier, de grand matin, de la commune du Nouvion-en-Thiérache, furent conduits en voiture découverte, par un froid horrible, à Saint-Quentin. Le voyage dura tout un jour, sans qu'il leur fût permis de descendre pour manger; leurs gardiens se firent un plaisir de déjeûner sous leurs yeux, mais restèrent sourds à la demande qu'ils leur faisaient de leur procurer un morceau de pain, sous prétexte qu'ils n'avaient pas d'ordres. A Saint-Quentin, on les conduisit dans une salle de l'Hôtel-de-Ville, où étaient enfermés d'autres otages arrivés dans la journée, et qui n'avaient dû qu'aux prières instantes du maire de la ville de n'être pas enfermés à la prison comme des voleurs; sous prétexte que l'heure du dîner était passée, on refusa de leur faire rien servir. Le lendemain matin, on les remit en voiture, et ils partirent pour Ham, où ils devaient prendre le chemin de fer. Près de la gare, ils furent entourés par une ignoble cohue de voituriers militaires, les pires brutes qu'on puisse voir, et qui nous paraissent donner une idée exacte du paysan allemand, à l'état naturel, sans l'habit du soldat et la discipline : ils faillirent être massacrés par ces furieux, qui les prenaient pour des francs-tireurs. A la gare, on les fit monter dans un wagon qui avait servi à des transports de bestiaux et n'avait point été nettoyé. Leurs gardiens s'assirent, mais ils durent rester debout jusqu'à Amiens. La citadelle d'Amiens était le terme de leur voyage. On les y enferma dans une salle où ils demeurèrent trois semaines, couchant par terre, serrés les uns contre les autres, sans pouvoir ouvrir les fenêtres bien qu'elles donnassent sur la cour de la citadelle, sans autre distraction qu'une promenade d'une demi-heure par jour, qu'ils devaient faire les yeux baissés, parce qu'il était défendu de communiquer du regard avec d'autres otages, enfermés à la citadelle. La seule visite qu'ils reçurent fut celle du commandant prussien, vieil officier retraité qui avait repris du service comme geôlier; il venait de temps à autre leur annoncer qu'ils partiraient le lendemain pour l'Allemagne, et les invitait à écrire au conseil municipal de leur commune, pour le presser de se libérer. Il se frottait bruyamment les mains lorsqu'il voyait un malade parmi ses détenus, et comme au médecin qui se trouvait au nombre des otages le suppliait un jour de renvoyer un de ses compagnons qui dépérissait: « C'est le bon moment pour le garder, dit-il tranquillement; qu'il écrive à sa commune qu'il va mourir. » D'autres fois, il s'apitoyait sur le sort de ces malheureux que leurs compatriotes abandonnaient; il les priait de lui donner les noms des personnes riches, chez lesquelles on pourrait trouver tout de suite la contribution réclamée. « Nous irons chercher l'argent, disait-il ; nous emmènerons du canon, s'il le faut ; écrivez que nous allons envoyer du canon. » Il alla jusqu'à imaginer de leur donner le spectacle d'une exécution militaire, pour leur rendre la prison plus odieuse ; un commerçant, très-estimé dans Amiens, s'étant avisé de défendre son magasin contre une troupe d'Allemands qui s'étaient mis à le piller, par partie de plaisir, avait blessé un soldat à la main : il fut fusillé, sous les fenêtres des otages, par de jeunes soldats qui arrivaient d'Allemagne et qui tiraient là leur premier coup de fusil. Enfin, au bout de trois semaines, les otages dont le courage n'avait pas fléchi un instant, virent entrer un gardien qui laissa la porte ouverte, et le bras tendu vers le corridor, prononça ce simple mot : « Fort ! » Ils sortirent, et apprirent dans la rue que l'armistice était signé.

L'armistice ne suspendit pourtant pas le cours de ce que les Prussiens appelaient l'administration allemande ; et il est probable que nos prisonniers ne durent leur liberté qu'à une heureuse erreur ; car les arrestations d'otages ne furent jamais si nombreuses qu'après le 29 janvier. Les réclamations des préfets devinrent plus pressantes, auprès des conseils municipaux, qu'ils harcelaient de lettres, d'ordres, de menaces. C'est dans ces procès-verbaux des conseils qu'est écrite la partie la plus instructive de l'histoire de la dernière guerre ; il faut les lire pour se faire une idée de l'insoutenable existence que faisaient aux vaincus des vainqueurs qui sentaient que la proie allait leur échapper, avant que leur avarice fût satisfaite, et leur haine rassasiée.

XIV.

LE REGISTRE DU CONSEIL MUNICIPAL DE LAON

Jusqu'à l'armistice, la municipalité de Laon avait pu éluder la plupart des exigences prussiennes. Elle avait reçu le 8 novembre 1870 l'ordre de payer : le 23 novembre, le douzième d'octobre ; le 6 décembre, le douzième de novembre ; le 6 janvier, le douzième de décembre ; chaque douzième était évalué à 40,114 francs. Le Conseil municipal avait pris une délibération concluant au refus de se soumettre à l'injonction allemande ; il invoquait force considérants sur la nature de l'impôt, qui est destiné à assurer les services publics, et ne saurait plus avoir de raison d'être, quand ils sont interrompus, sur les limites des droits de la guerre qui ne va pas jusqu'à recouvrer le montant des contributions publiques au détriment d'une population désarmée, à laquelle toute résistance a été impossible et qui depuis l'occupation a été accablée de réquisitions, sur l'impossibilité matérielle de trouver une base légitime pour l'évaluation de l'impôt quand toutes les hypothèses ont été cruellement démenties par les faits, enfin sur l'incompatibilité qui existe entre les attributions municipales et la levée de l'impôt. On ne pouvait avoir plus complètement, ni plus inutilement raison; car M. Vinchon, maire de la ville, et les trois membres de la commission municipale qui furent délégués auprès du gouvernement de Reims, reçurent de M. de Hohenlohe l'ordre de payer intégralement et sans plus ample discussion les sommes demandées. La commission, réunie le 12 novembre, déclare alors qu'elle se considère comme frappée d'une contribution de guerre de 40.000 fr. par mois, à laquelle la ville est incapable de se soustraire, et convoque les plus haut imposés pour délibérer avec eux sur les moyens de se procurer de l'argent. Une souscription publique, ouverte quelques jours après, produit près de 88,000 francs.

Cependant, le 23 novembre, le 6 décembre, le 6 janvier passent sans que les termes échus de l'impôt allemand aient été payés. Une somme de 15.000 francs avait été seulement versée au mois de décembre, et l'on commençait à espérer qu'on aurait raison, par la force d'inertie, des prétentions de M. de Landsberg. Le maire n'était pourtant pas homme à faire aux intérêts pécuniaires le sacrifice de la dignité de la ville qu'il représentait; et toutes les demandes vexatoires qui lui avaient été communiquées par les autorités allemandes avaient reçu d'énergiques réponses.

Un jour que M. Koski, fonctionnaire qui prenait le titre bizarre de « la direction royale du commandant », l'avait invité à désigner les notables qui devraient « accompagner » chaque jour la locomotive du premier train partant de Laon, M. Vinchon avait, par un refus catégorique, fort étonné M. Koski ; car ce personnage avait cru faire passer cette communication désagréable, en y mêlant l'inévitable grain d'hypocrisie qui donne à tous les documents prussiens une saveur particulière:

La soussignée direction du commandant, disait il en terminant, s'efforce autant que possible d'adoucir les charges de la guerre, et laisse à la disposition de la Mairie le choix de designer les habitants de Laon pour la liste, et a la conviction, en tant que la municipalité exécutera ces arrangements, qu'elle épargnera à la direction du commandant d'employer les forces militaires,

La direction royale du commandant.

Laon, 26 novembre.

La direction royale,

KOSKY.

M. Vinchon mit autant de fermeté dans ses rapports avec M. de Landsberg. Il refusa de lui fournir la liste des personnes sujettes à la conscription et à la mobilisation, et laissa sans réponse six lettres qui lui furent adressées à ce sujet, avec menace d'amende et d'exécution militaire. Invité, en sa qualité de maire d'un chef-lieu de canton, à faire porter et afficher dans les communes des proclamations allemandes, il renvoya à deux reprises les affiches, méprisant une fois de plus les menaces traditionnelles. Il finit par être arrêté, au moment même où, par une convention qui suivit l'armistice, les maires des chefs-lieux de département étaient chargés de l'administration des pays envahis : ce qui força M de Landsberg à le mettre « en liberté provisoire. » Mais le moment était venu pour M. de Landsberg de prendre sa revanche sur ce magistrat récalcitrant.

Le 7 février 1871, le maire de Laon apprend à la commission municipale que les Allemands, malgré l'armistice, se considèrent comme en pays conquis, qu'ils font des exécutions militaires, qu'ils arrêtent des notables, et que la liste des personnes à arrêter a été dressée pour la ville de Laon. Il résume la situation financière de la ville qui, déduction faite de 15,000 fr. déjà versés, et d'une somme de 14,000 fr. représentant l'indemnité promise par les Allemands pour la nourriture de la garnison pendant le mois de janvier, doit encore, sur les termes échus des contributions de 1870, 90,000 fr. Ce n'est pas tout : les Prussiens ont élevé, sans daigner en dire la raison, la contribution mensuelle de janvier de 40,000 à 60,000 fr., et ils ont frappé, sans plus de motif. l'arrondissement d'un impôt extraordinaire de 100,000 fr. Effrayé d'un pareil bilan, le Conseil autorise le maire à verser, après s'être défendu aussi bien que possible, un à-compte de 25,000 fr. Mais le 12 février, le maire reçoit du commandant sommation de payer, avant le lendemain, à onze heures, les contributions de 1870, sous peine d'une exécution militaire dont voici le programme : occupation par 500 hommes et 12 officiers des magasins de la ville ; inventaire des marchandises, pendant la durée duquel les officiers recevront une solde de 6 fr., les hommes de 2 fr. par jour ; envoi des marchandises en Allemagne. En outre, à partir du 13 février, commencera à courir une amende de 5 0/0 par jour sur la totalité des sommes non payées. Le maire, après avoir reçu du Préfet l'assurance que les ordres les plus précis de son gouvernement l'obligeront à exécuter la menace, verse entre ses mains tout l'argent disponible.

Aussitôt le Préfet réclame 60,000 fr. pour la contribution de janvier, et 10,000 fr., part de la ville de Laon dans l'imposition de 100,000 fr. dont l'arrondissement a été frappé. Ces 70,000 fr. devront être payés le 16 février, sous peine de pillage et d'une amende de 5 0/0 pour chaque jour de retard. Or, on était le 13 février : dans l'impossibilité où elle se trouve de réunir les fonds nécessaires, la commission vote un emprunt forcé. Le 17 février, elle n'avait pas encore pu payer le 12e de janvier, quand elle reçoit l'avis que le 12e de février est également exigible. Le 18, M. de Landsberg ajoute que, depuis le 12 février, l'amende de 5 0/0 par jour court pour le douzième de janvier, et que la contribution de février est « exigible et productive d'amende » depuis trois jours. Devant ce déluge d'assignations, le Conseil prend le parti de s'acquitter des contributions de janvier, qui sont en effet payées Essayant de prendre l'offensive à son tour, il réclame le prix de 50 sacs de farine, que la ville avait avancés à l'administration prussienne, pour l'opération du ravitaillement de Paris, moyennant promesse de paiement d'une somme de 2,000 fr ; mais M. de Landsberg, qui apparemment ne voulait pas cumuler avec ses fonctions de receveur celles de payeur, renvoie le maire à la caisse départementale, laquelle se déclare incompétente ; en même temps, pour ne pas laisser cette réclamation impunie, le préfet avertit la ville que la faible indemnité qui lui avait été un moment payée pour la nourriture de sa garnison est supprimée depuis huit jours.

Cependant, tous les journaux du monde publient l'ordre, émané du roi Guillaume, de suspendre la levée de toute contribution de guerre. Les Laonnois se croient quittes une fois encore : une fois encore ils étaient victimes d'une illusion ; car le 28 février, M. de Landsberg, commentant la parole impériale, déclarait qu'à la vérité il renoncerait au prélèvement des contributions de guerre, mais poursuivrait le paiement des impôts, y compris les amendes pour retard ; aussi réclamait-il le paiement immédiat du douzième de janvier, plus l'amende à partir du 15 février, et du douzième de février, plus l'amende à partir de la même date. M. Vinchon réunit le Conseil. Il expose que la première réclamation « constitue tout au moins une erreur », et qu'elle révèle le désordre avec lequel les fonctionnaires prussiens, « dans l'empressement de leur rapacité », s'acquittent de leurs perceptions : la ville, en effet, a payé les contributions de janvier ; mais en présence des menaces d'exécution militaire, qui se réalisent au moment où il parle, dans des communes voisines, le maire met à l'étude les moyens de payer la contribution de février. Les moyens n'étaient pas encore trouvés, quand M. Vinchon reçoit, le vendredi 3 mars, ordre de payer le lendemain, sous peine d'exécution militaire, une amende de 49,832 fr. 50 pour retard dans le paiement des contributions. L'exécution devait commencer à midi. A neuf heures, le Conseil se réunit, attendant de minute en minute, avec une impatience facile à comprendre, la nouvelle officielle de la conclusion de la paix. Elle arrive enfin, et les conseillers se séparent en se félicitant d'être délivrés de ce cauchemar de l'exécution militaire que M. de Landsberg depuis tantôt un mois faisait peser sur la ville.

Pour la troisième fois, la ville comptait sans son hôte, car le 6 mars, à neuf heures, le Conseil, convoqué d'urgence, reçoit communication de deux nouvelles lettres : l'une est de M. de Landsberg, qui annonce que les impôts échus jusqu'à la notification du traité restent acquis aux Allemands ; elle se termine par un touchant appel « à l'intérêt que le maire porte à ses administrés » ; l'autre, plus brève, est du commandant prussien qui prévient le maire que les soldats chargés de l'exécution, sont commandés pour dix heures et demie. On n'avait pas le temps de se récrier. On décida qu'une députation se rendrait immédiatement chez le préfet pour lui demander quelque répit et la permission d'envoyer à Paris des délégués qui réclameraient la protection du gouvernement. M. de Landsberg consentit : il savait que la province avait été bel et bien livrée aux exactions prussiennes, les négociateurs de l'armistice ayant dépensé toute leur peine à obtenir que la garde nationale de Paris ne fût pas désarmée. Il ne lui déplaisait pas de laisser courir quelques jours de plus l'intérêt de 5 % par jour. Du ministère de l'intérieur, les délégués ne rapportèrent que l'opinion du ministre qui jugeait illégales les exigences prussiennes et le conseil qu'il donnait de les endurer, sans mot dire. « Vous avez le droit, leur fut-il dit ; mais ils ont la force. » Or le 14 mars, le maire annonce que des faits nouveaux se sont produits : la poste prussienne, qui avait renoncé, le 3 mars, à la surtaxe de 20 centimes qu'elle percevait sur les lettres affranchies par la poste française, l'a rétablie six jours après, si bien qu'un inspecteur français des finances a fait fermer le bureau et que le commerce se trouve dans le plus grand embarras. D'autre part, les réquisitions et les violences continuent; les réclamations d'argent deviennent par trop étranges. Quand l'armée allemande s'était enfermée à la citadelle, au moment où elle craignait l'approche de l'armée du Nord, elle avait exigé que la municipalité y envoyât des vivres ; au moment où elle en sortit, tous ces vivres n'avaient pas été consommés ; M. de Landsberg venait de s'en souvenir : estimant à 4,000 francs la valeur de ce que la garnison avait abandonné, il réclamait ces 4,000 francs. Il parlait de lever les contributions de mars. En attendant, il exigeait le paiement des amendes qui s'élevaient maintenant à 58,288 fr. 58 c, et prévenait que cette amende elle-même serait, à partir du lendemain, 15 mars, productive des 5 % d'intérêt par jour. Cette fois la mesure était comble ; les conseillers, qui n'en pouvaient croire leurs oreilles, prièrent leur président d'aller demander au préfet ce qu'il entendait faire de la malheureuse ville qu'il torturait à plaisir. Au moment où le maire sortait, il reçut avis de la signature de la convention Pouyer-Quertier. M. de Landsberg connaissait la nouvelle depuis la veille ; mais il ne s'était pas pressé de déclarer qu'à l'avenir l'autorité allemande renoncerait à toute perception.

XV.

LA CAISSE PRUSSIENNE.

Si nous avons choisi de préférence l'histoire du conseil municipal de Laon, c'est que nous avons pu lire nous-même et copier les documents officiels ; mais on retrouverait les mêmes exigences, les mêmes menaces, les mêmes violences dans les autres villes du département, surtout à Saint-Quentin que l'ennemi s'est fait un plaisir de vexer, en haine de sa population qui n'a jamais laissé entrer ou sortir ses troupes, sans les saluer de quelques coups de fusil. On retrouverait aussi les mêmes résistances, d'autant plus honorables que les pays envahis demeurèrent abandonnés à leur sort, jusqu'au jour où le gouvernement de la France passa entre les mains de véritables hommes d'Etat. Dans les villages, la résistance était plus difficile, parce que l'exécution suivait de plus près la menace, l'ennemi jugeant que l'hypocrisie était moins nécessaire. Une commune des environs de Laon, qui s'est libérée de ses contributions, se les voit réclamer une seconde fois, quelques jours après, par un officier qui ne veut entendre aucune explication, ni même lire les reçus qu'on lui présente, attendu qu'il est soldat et ne connaît que ses ordres. Dans une autre, l'intérêt de 5 % par jour court si vite qu'il rattrape le capital : le retard dans le paiement d'une somme de 2,000 francs produit une amende de 1,700 francs.

Les maires perdent la tête quand ils reçoivent l'avis que l'exécution militaire va commencer. S'ils veulent savoir ce qu'il faut entendre par ces mots terribles, on leur répond comme fit un jour à la commission municipale de Saint-Quentin M. Binder, capitaine au 70ᵉ de ligne, commandant de la place :

« Messieurs, selon les ordres du chancelier fédéral allemand, les mesures de l'exécution sont le logement d'une garnison augmentée auprès des habitants, l'enlèvement des otages (les notables de la ville), et comme mesure extrême, en dernier lieu, la mise à feu et le bombardement. — Agréez, messieurs, l'assurance de ma considération parfaite. »

Se figure-t-on l'effet d'une pareille missive sur un conseil municipal de village? Beaucoup ne se laissèrent pas effrayer, mais il n'est que trop vrai que des maires, après avoir inutilement essayé de réunir l'argent nécessaire, ont dénoncé à l'autorité prussienne leurs administrés récalcitrants. Aussitôt l'argent trouvé, ils accouraient à la Préfecture. « Un des anciens bureaux transformé en caisse, dit M. Ed. Fleury dans ses Éphémérides, présente un spectacle à la fois attristant et original. Il est plein à comble de maires, d'adjoints, de délégués, qui s'entassent et s'empilent autour d'une table où l'on paie, et d'une autre où les comptes sont dressés. Devant le receveur, qui ne suffit pas à sa besogne, l'or coule à flot, les sacs d'écus s'amoncellent... Le métal et les papiers précieux sortent de toutes les poches, le caissier ne sait où les placer ; on les lui compte tristement et sans parler. Autour du comptable, qui aligne les comptes et dresse les états, éclatent au contraire les exclamations de saisissement. A ces comptes on ne comprend rien, sinon qu'on doit des amendes fabuleuses, qu'on a cru s'acquitter intégralement et qu'on reste débiteur de sommes inimaginables.» Le temps n'est plus où les hauts administrateurs de Reims promettaient d'accueillir toute plainte légitime ; M. Pochhammer avertit, une fois pour toutes, les maires qu'il est « impossible d'accorder aucune réduction, et qu'il faut s'abstenir d'envoyer des réclamations, qui resteront sans réponse.» C'est que la curée touche à sa fin. Ce bel or de France, dont le soldat serre précieusement quelques pièces dans son mouchoir, le caissier impérial le palpe avec volupté, pièce à pièce (*pecuniam probant veterem et diu notam*, dit Tacite en parlant des Germains, *amant serratos bigatosque*), et toujours il tend la main au guichet, où se succèdent les victimes. Une seule pensée trouble sa joie : est-ce qu'il ne restera pas encore beaucoup d'or dans ce pays maudit, quand le guichet sera fermé ?

XVI.

LA NATION ARMÉE.

On aurait tort de supposer que les soldats et les officiers

allemands éprouvassent quelque répugnance à prêter leur concours aux exactions et aux escroqueries des administrateurs allemands, et qu'ils fissent une grande différence entre le métier de ces gens-là et le noble « métier des armes ». A la vérité, il s'est trouvé quelques officiers chargés des recouvrements, qui ont bien voulu dire que cette besogne ne leur plaisait guère, tout en faisant les recouvrements jusqu'au dernier centime. Mais il ne faut point perdre de vue que l'Allemagne est une « nation armée ». Au jour d'une déclaration de guerre, elle se met en campagne ; derrière ses officiers surgit une légion d'administrateurs, gouverneurs, conseillers, préfets, sous-préfets, commandants des postes, des télégraphes, etc.. Cependant, le jurisconsulte, dans son cabinet, détermine les limites du droit de la guerre, et dresse le tableau des horreurs permises ; le professeur, dans sa chaire, explique les causes historiques de la victoire qu'on va remporter ; le prédicateur en montre les causes providentielles ; tous ces hommes collaborent à l'œuvre de la force brutale ; ils s'aident les uns les autres et professent les uns pour les autres une mutuelle estime. Le sabre du commandant ne dédaigne pas le sabre du préfet. Pourquoi d'ailleurs le dédaignerait-il ? Tous les deux sortiront immaculés de cette guerre toute nouvelle, de cette guerre d'ingénieurs et de financiers. Le soldat n'a donc aucune raison de mépriser l'administrateur : il ne vaut ni plus ni moins que lui.

Nous avons étudié tout à notre aise le soldat et l'officier : pendant de longs mois nos maisons leur ont appartenu. On y trouvait à chaque pas le soldat, qui, levé dès l'aurore, buvait son café, fumait sa pipe, lavait, brossait, frottait armes et habits, si consciencieusement que son intelligence en était visiblement absorbée. On y croisait à tous moments l'officier qui partait pour la promenade, revenait, sifflait ou fredonnait dans les corridors, faisait sonner ses éperons et son sabre, appelait son ordonnance, et quand il vous rencontrait, saluait en portant la paume de la main au côté droit du casque ou de la casquette, pendant que la partie supérieure de sa personne, inclinée d'un mouvement sec, figurait avec l'autre un angle de 175 degrés. C'était bien le moins que ces hôtes encombrants payassent leur écot à notre curiosité.

XVII.

LE SOLDAT ALLEMAND.

C'est un personnage peu sympathique que le soldat allemand, et dont la valeur est surfaite. Trompés par la présence dans les rangs de cette armée des jeunes gens instruits et de bonne famille qui s'y trouvent en minorité, nous prêtons au soldat bien des qualités qu'il n'a pas. Nous nous figurons, par exemple, qu'il est instruit comme un maître d'école, connaît plusieurs langues et parle le français comme sa langue natale. Or s'il est vrai que l'Allemand des provinces rhénanes sait quelques mots de français et que cette légion d'ouvriers, qui vivaient chez nous avant la guerre, le parle couramment, des milliers de soldats ne se tirent de la lecture mentale d'un texte allemand qu'en épelant avec les lèvres, et en s'aidant du doigt. S'ils écrivent, leur orthographe fantaisiste n'envie rien à celle du troupier français.

Ils ne sont guère tourmentés d'ailleurs par les besoins intellectuels : les autres tiennent trop de place dans leur existence. Nos paysans, gens d'appétit modéré, ouvraient de grands yeux en regardant manger ces êtres voraces, tout voisins de l'animalité. Un manuel franco - allemand que les Prussiens ont répandu dans tout le pays envahi nous apprend que l'Allemand mange peu ou point de pain, qu'il se repaît de viande, de légumes, de pommes de terre surtout, et qu'il est friand de chocolat : ce chapitre de la nourriture est de beaucoup le plus considérable du volume. En dehors du service, le soldat en effet ne songe guère qu'à manger. Dans les villes où il tient garnison, son ordinaire est réglé ; mais dans les marches, quand, après l'étape faite, il s'abat sur quelque grasse ferme où les poules courent sur le fumier, où le porc grogne dans sa cabane, quels festins se servent ces Gargantuas ! Un jour, toute une escouade se présente dans une ferme des environs de La Fère. Aussitôt ceux qui sont chargés de la cuisine s'emparent des chaudrons, marmites, casseroles ; d'autres vont avec des pelles, des pioches, des bêches fouiller et dévaster le jardin ; ils rapportent des brassées de pommes de terre, qu'ils mettent cuire sans les éplucher ; puis ils tuent des poules, hachent du mouton et du porc, mêlent le tout dans les marmites, au-dessous desquelles flambe un feu énorme. La cuisine faite, on nettoie l'auge des chevaux avec de la paille et un balai ; les cuisiniers entassent les viandes d'un côté, les légumes de l'autre, et versent le succulent bouillon plein l'auge. Les hommes, couchés sur la paille, sentent au flair que l'heure approche ; ils se lèvent, rangent leurs pipes, et chacun prenant son pain noir, pain de sarrazin, mal cuit ou brûlé, puant et vieux, se met en devoir de le casser en petits morceaux dans le bouillon, jusqu'à ce qu'il soit saturé. On répand sur ce mortier du sel et l'un des cuisiniers s'armant d'une dent de herse, trouvée dans le fumier de la cour, opère le mélange, allant, venant, et retournant la bouillie tellement épaisse que la dent de herse y tient debout Alors le brigadier d'ordinaire dégage les viandes, les découpe, les distribue, et au commandement les hommes s'avancent vers l'auge, la cuiller d'une main, la viande de l'autre. Tout cela dévore en même temps, au plus vite, et au mieux. Les yeux fermés, entendant ce rauque jargon, on se serait cru dans une cage aux bêtes, à l'heure du repas.

La malpropreté des soldats rebutait les habitants d'un pays où la propreté est minutieuse, où tous les samedis on nettoie la maison de fond en comble, où le torchon fait les vitres limpides comme le cristal et les cuivres luisant comme l'or. Sous sa tunique bien brossée, et dont les boutons brillent, l'Allemand garde sa chemise noire, grasse de sueur et de poussière, nauséabonde : aussi son odeur survit-elle longtemps à son départ. Il ne se sert guère de son mouchoir que pour y mettre son café, porter ses paquets de cartouche, ou pour admirer la haute mine de Guillaume recevant, casque en tête, l'épée de l'empereur Napoléon ! Ce n'est pas tout : pour être historien fidèle, il faudrait écrire tout un chapitre sur l'ordure, qui joue un grand rôle dans l'invasion : elle a fourni matière aux plaisanteries dont se sont le plus égayés nos vainqueurs.

On dit que des sentiments élevés se cachent sous la grossière enveloppe du soldat allemand. Il est vrai qu'il est généralement religieux, et qu'il trouve moyen de concilier sa piété avec sa rapacité, mais il ressemble pour le reste à tous les soldats du monde. Il aimerait mieux rester chez lui que de perdre son temps et de risquer sa vie pour la plus grande gloire de quelques Altesses. Il n'aime point la France, et il avoue que depuis son enfance on lui apprend à la détester. Il n'est point insensible à la gloire de faire partie d'un grand pays ; mais il sent fort bien ce que coûte cette gloire, et le nom de M. de Bismark prononcé devant le soldat, ouvrier ou paysan, de quelque pays qu'il soit, ne provoque que des malédictions. Un soir, un soldat saxon fumait au coin du feu chez un de nos amis. La conversation qui se faisait dans une sorte de langue internationale, que les vainqueurs et les vaincus se sont mutuellement apprise, languissait. L'Allemand avait le mal du pays, et ne parlait guère. Tout-à-coup, secouant dans la flamme la poussière de sa pipe : *Fort*, Bismark, s'écrie-t-il avec fureur ! *Fort*, Napoléon ! *Fort*, Wilhem! L'hôte le regardait étonné. « Vive la France, reprend le Saxon ! » qui se met à parler avec volubilité ; mais s'apercevant qu'il n'est pas compris, il écrit sur la cendre la date : 1866. Chez les soldats des peuples vaincus en 1866, la vieille haine subsiste contre la Prusse. Ils ne souffrent pas qu'on les appelle Prussiens ; ils ne veulent ni manger, ni coucher auprès des Prussiens et s'ils se trouvent en contact forcé avec eux, ce n'est jamais sans des disputes, qui finissent quelquefois par des rixes.

Chez le soldat prussien lui-même, on ne trouve pas d'enthousiasme pour la guerre. Vervins a logé plusieurs semaines un bataillon de landwehr poméranien. Les hommes se vantaient d'être, au témoignage de leur roi, les plus beaux et les meilleurs soldats de la Prusse. Ils ne reculent jamais sur le champ de bataille, disent-ils, mais se font hacher sur place. Ce qui n'empêche pas que quand, dans leurs villages, où l'on ne lit pas de journaux, où l'on ne disserte guère sur la grande Allemagne ni sur les destinées de l'Europe, arriva l'ordre de se trouver à Anclan, parce que la guerre avait éclaté, ils furent étourdis de ce coup de tonnerre, et désolés de quitter leur vie tranquille, leurs pommes de terre qu'ils disent meilleures que les nôtres, leur eau-de-vie de grain qu'ils préfèrent au cognac de nos cabarets. Ils nous reprochaient d'avoir troublé leur tranquillité, et maudissaient Bismark et Guillaume lui-même. « Plus la Prusse devient grande, nous disait l'un d'eux, plus nous avons de contributions à payer. » Chez les jeunes gens dont nous parlions tout-à-l'heure, chez les volontaires d'un an, on retrouve l'enthousiasme érudit de 1813, l'amour de la Germanie, le mépris des races latines ; après le dîner, car ils ont la digestion sentimentale, ils parlent volontiers de Witikind et de Charlemagne, ces mortels ennemis qu'ils placent côte à côte dans le Panthéon germanique ; du vieil empereur Frédéric, de l'étendard noir, rouge et or du St-Empire romain germanique. Mais le commun des soldats n'entend rien à ces belles choses et ressemble à notre Poméranien qui ne se soucie pas de payer de ses deniers la gloire de la patrie.

Quelque bons soldats que soient ces hommes, et si bien dressés qu'ils soient à leur métier, il ne paraît pas que le métier leur plaise ; ils n'aiment point, comme on dit, l'odeur de la poudre, et l'insouciance du danger n'est pas dans leur nature. Ils ont besoin de se sentir bien gardés, protégés par la vigilance de leurs chefs, d'être soutenus par le succès, par la confiance en leur nombre, en la supériorité de leurs canons ; malgré cette série de succès inouïs, ils ne se sont pas laissés enivrer par la victoire, et jamais armée victorieuse n'a désiré la paix aussi ardemment que celle-là.

Ils la croyaient certaine après Sedan, et quand on se risquait à leur dire, pendant l'armistice, que les prétentions de M. de Bismark amèneraient certainement la reprise de la guerre, les plus paisibles ne parlaient de rien moins que de tout incendier et de tout tuer, même les enfants à la mamelle. Il est certain que des officiers, effrayés de l'abattement où tombaient leurs hommes, à la pensée d'une lutte nouvelle, leur avaient promis qu'on ne reculerait devant aucun moyen pour l'abréger. Si malheureux que nous ayons été, pendant cette campagne, à quelque humilité que nous soyons condamnés, nous pouvons dire sans forfanterie qu'il est heureux pour l'Allemagne qu'elle ait inventé de toutes pièces un système de guerre où compte pour si peu de chose la bravoure, cette vertu des temps passés.

XV.

L'OFFICIER ALLEMAND.

Il faut donc rabattre beaucoup des panégyriques du soldat allemand qui ont été accueillis par nos imaginations trop crédules. Ce n'est point ce lourdaud qui est notre vainqueur, mais son seigneur et maître, l'officier, si différent de lui, si supérieur à lui, qu'on le dirait d'une autre nation, d'une autre race.

L'officier allemand a la prétention d'être le plus poli, le mieux élevé, le plus gentilhomme des officiers du monde ; un mot revient sans cesse sur ses lèvres: « Nous sommes civilisés. » Il faut bien convenir que les apparences plaident en sa faveur. Dès qu'il arrive dans la maison, sur la porte de laquelle le fourrier a écrit son nom à la craie, il s'habille, puis ganté de frais et pommadé il descend au salon, et demande à présenter ses respects à madame. Il a des attentions pour tout le monde ; il joue avec les enfants ; il est plein de déférence pour les vieillards. Après le dîner, il se croit obligé de rester avec ses hôtes le temps convenable, avant de demander la permission de se retirer.

Dans notre malheureux pays où la finesse et la justesse de vue sont des qualités de nature, on ne s'est guère laissé prendre à ces belles manières. « Ces gens-là, disait-on, sont trop polis pour être honnêtes. »

Ils sont trop polis en effet, et c'est une singulière prétention qu'ils ont d'être traités en hôtes ordinaires, presque en amis. Ici commence à paraître le vilain cœur. Ils ne permettent pas qu'on s'en tienne aux limites du strict nécessaire, dans cette hospitalité qu'on leur donne en vertu de leur billet de logement. Ils sont fâchés qu'on ne veuille pas sortir avec eux, et que dans la rue on n'ait plus l'air de les connaître ; ils feraient si volontiers une promenade en famille : le mot est d'un de ces messieurs ! Le soir il faudrait faire de la musique, voire même réunir tous les siens, et danser. Quand nous avons été débarrassés du soin de les nourrir, beaucoup ont demandé à vivre, comme par le passé, à la table de la maison : ils ont été étonnés d'être éconduits. Ils assurent qu'ils se souviendront de nous, espérant à leur tour que nous leur garderons un souvenir. Beaucoup en partant laissent leurs photographies : nous en avons vu par centaines ; le casque à pointe alterne avec le casque à boule ; le grand officier à taille fine, au visage ovale, aux yeux bleus, aux moustaches blondes, et dont la main délicate est couverte de bijoux, fait pendant au petit officier, gros, trapu, à tête carrée, à mine renfrognée, et dont le nez épais porte d'épaisses lunettes. On ferait, à regarder ces documents d'un nouveau genre, l'histoire des passages de troupes de l'invasion. On ne se souciait guère d'accepter ces effigies. « Pour qui nous prenez-vous donc, leur a-t-on souvent demandé? » mais ils n'entendaient rien à nos scrupules.

Toute cette affectation de politesse dissimulait fort mal la dure et sèche nature du vainqueur. Dans la maison qui a l'honneur de loger un officier, il faut que tout le monde obéisse au moment même, et sans réplique. Si le déjeûner, commandé pour onze heures, se fait attendre cinq minutes, un furieux coup de sonnette appelle l'ordonnance, qui va faire tapage à la cuisine. La vraie politesse eût consisté, dans les maisons où l'on était convenablement reçu, à se conduire modestement, comme un hôte ; mais le désir de montrer qu'on était le maître l'emportait. Celui-ci critique le menu du dîner, réclame le plat sucré qui manque ; celui-là veut du feu dans toutes les chambres qui composent son appartement, et à côté de sa lampe une bougie, pour allumer plus commodément son cigare. Un autre invite ses amis à visiter son logement ; il fait demander quelques bouteilles d'un vin qu'il a bu la veille, et qu'il trouve à son goût : on les lui envoie ; il lui faut encore des pâtisseries, qu'on fournit ; des citrons, qu'on ne trouve pas ; mais l'ordonnance saura bien en trouver : il en rapporte en effet et réclame 65 centimes au maître de la maison. Si l'on discute, si l'on se récrie, il faut s'attendre à des tracasseries de toutes sortes ; l'officier quittera le logement et y enverra une dizaine de garnisaires, des cordonniers par exemple, qui établiront leur atelier dans le salon, où passeront toutes les vieilles savates du régiment. Le plus prudent est de souffrir et de laisser faire.

Un de nos amis, qui voulut se gendarmer, reconnut vite l'impossibilité de la résistance. Un jour, il avait été prévenu que trois officiers, un colonel, un capitaine, un lieutenant, devaient loger chez lui. Ils arrivent: ce sont trois beaux hommes, le colonel surtout; le capitaine est moins grand que le colonel, le lieutenant est plus petit que le capitaine; c'était à croire que dans ce régiment les grades se mesuraient à la taille. Il va au-devant d'eux, moins par déférence que pour plaider la cause de ses chevaux, qui, les jours de passage, étaient chassés de l'écurie et passaient la nuit à la belle étoile. Il ne gagne rien; ses chevaux sont mis dehors; mais le colonel s'en excuse beaucoup; il daigne même s'approcher d'un des chevaux expulsés, dont il loue les formes gracieuses. « Joli cheval de selle, dit-il. Il n'a jamais été attelé? » — « Non, monsieur, » répond avec empressement le maître de la maison, sensible à cette politesse qui va toujours au cœur d'un amateur de chevaux. La conversation en reste là. Le dîner était servi: on se met à table.

Vers le milieu du repas, un dialogue en allemand s'engage entre le colonel et le capitaine. Celui-ci se lève, sort, et au bout d'un instant revient prendre sa place. La conversation était fort animée; le colonel était d'une humeur charmante. Au dessert, il demande du champagne. Or les dernières bouteilles avaient été bues avec des officiers français; le domestique, envoyé dans le village, rapporte une bouteille trouvée à grand'peine, mais il annonce que le général, logé dans une maison voisine, en fait partout chercher une. « Dois-je envoyer celle-ci à monsieur le général? demande le maître de la maison, qui, la main au bouchon, s'arrête et veut savoir jusqu'où ira chez son hôte le respect hiérarchique: « Il vaut mieux, répond gracieusement le colonel, que nous la buvions ensemble. » Le dîner fini, le colonel monte à sa chambre, et ne reparaît plus. Les deux officiers allument des cigares. Debout, le dos à la cheminée, le capitaine dit tout-à-coup d'un air indifférent: « Monsieur, nous avons été, à notre grand regret, obligés de requérir votre cheval. » — « Mon cheval! C'est une plaisanterie, n'est-ce pas? » — « Nous ne faisons jamais de plaisanterie. » — « Vous avez requis mon cheval; eh bien! vous ne l'aurez pas vivant! » — « Nous l'avons déjà: il n'est plus dans votre cour! » Le propriétaire volé sort en claquant les portes. Il apprend de son domestique que pendant le dîner le capitaine est venu dire: « Votre maître m'a vendu son cheval; allez le seller et le brider », et qu'un cavalier a en effet emmené la bête. Il rentre au salon : « Je croyais, dit-il, avoir affaire à des gentilshommes ; je vois que je me suis trompé. » A ce mot, les cigares volent en l'air. « Parce que nous vous avons admis à notre table, crie le capitaine, vous faites l'insolent ! Un mot de plus, et mes hommes vous enchaînent dans votre cave ! » Il fallut se taire, car la menace allait s'exécuter si notre ami avait plus longtemps oublié que pour ne point altérer l'exquise courtoisie de nos vainqueurs, il faut leur servir le meilleur de sa cuisine et de sa cave, leur donner ce qu'on a et ce qu'on n'a pas, obéir à tous les caprices, au besoin laisser voler son cheval, et se tenir encore pour honoré d'être « admis à la table » de ces messieurs.

Mille petits faits montreraient encore, si nous le voulions, que toute cette politesse qui semblait apprise dans un livre, n'effaçait point chez nos hôtes l'empreinte de la grossièreté native ; mais il faut savoir rendre justice à ses ennemis : les nôtres ont donné un exemple unique dans l'histoire des guerres en respectant et en faisant respecter partout les honnêtes femmes. Un sous-officier, à qui nous témoignions l'admiration que nous inspirait cette conduite, nous conta le plus sérieusement du monde que l'armée allemande avait reçu de ses chefs, entre autres conseils bons à suivre en campagne, celui de respecter religieusement les dames, pour ne pas exciter à la résistance le Français, être amolli, dégénéré, et qui laisserait consommer la ruine de son pays, pourvu qu'on ne touchât point à sa femme. Il n'y a que dans une tête allemande qu'ait pu germer l'idée de faire entrer la chasteté dans la stratégie. Nous doutons que le conseil ait été donné avec ces considérants grotesques, mais il est certain qu'il a été suivi. On a bien vu de galants chevaliers, en quête de bonnes fortunes : « Nous sommes trois à table, disait un jour un grand et bel officier blond du Mecklembourg ; en voici deux qui ont leurs alliances dans leur poche ; moi je garde la mienne, qui me protége contre la défiance des maris. » Et le trio de rire, comme sait rire un trio d'Allemands. Or, quelques heures après leur départ, on s'apercevait qu'il avait disparu d'un album trois photographies de femmes. C'est une façon presque honnête de se procurer des bonnes fortunes à bon marché

La réputation de vertu qu'ont gagnée à cette conduite fort

méritoire les officiers allemands est un peu exagérée. Dans les villes où ils font séjour, on s'aperçoit que s'ils gardent toute la journée une tenue sévère, ils se dédommagent le soir, quand le soldat et le bourgeois dorment dans les maisons closes. J'ai vu à Laon, la nuit, passer dans des chars-à-banc à quatre chevaux des officiers retournant à leurs quartiers des villages : ils chantaient à tue-tête, demi-couchés les uns sur les autres. J'en ai vu d'autres se heurtant de droite et de gauche aux maisons dans les rues trop étroites, traçant des lignes brisées entremêlées de pirouettes où le sabre, le grand sabre qui traîne, servait fort à propos de point d'appui. Derrière les persiennes fermées des salons d'hôtel, d'autres achevaient la soirée, buvant, criant, jouant l'or à poignée. L'Allemand du nord, plus que tout autre, est grand viveur, le landwehrien surtout : il n'y a pas de soldat au monde plus vicieux que ce père de famille.

Mais Allemands du nord ou du midi, landwehriens ou autres, se retrouveront debout, à l'heure dite, après l'orgie de la veille, et pas un ne manquera aux devoirs du métier. Si l'on est parfois tenté de sourire des ridicules de l'officier, et de se réjouir de ses vices, l'extrême application qu'il met à remplir son office ramène à d'autres pensées. Il n'est point vrai qu'ils soient tous travailleurs, et nous ne nous laissions point prendre aux vanteries de ceux qui, après avoir pendant l'après-midi battu la campagne ou caracolé dans les rues de la ville, ne souffraient point qu'on leur dît : « Vous voici de retour de votre promenade », et répliquaient vivement : « Nous ne nous promenons jamais, nous travaillons toujours; » mais nous en avons vu beaucoup qui semblaient des étudiants dans la première ardeur de l'étude. L'admiration qu'ils professent pour la science et les savants, le mépris exagéré avec lequel ils parlent de l'ignorance de nos officiers, feraient croire qu'ils portent tous dans la tête une encyclopédie des connaissances humaines : nous en avons pourtant rencontré qui, après avoir mis sur le tapis certaines questions philosophiques ou autres, qu'ils croyaient aussi inconnues de leurs auditeurs que le haut allemand, changeaient de propos, quand on leur tenait tête, comme eût fait le médecin malgré lui, s'il avait trouvé quelque maître ès-arts qui eût répondu affirmativement à la célèbre question : Savez-vous le latin ? Il est pourtant vrai que maint docteur de chez nous pourrait envier l'instruction solide de la plupart de ces jeunes gens, et nous avons souvent pensé en les écoutant que ce n'est point tant l'enseignement gratuit et obligatoire qu'il faut envier à l'Allemagne, que l'admirable enseignement de ses universités.

XIX.

LES RAPPORTS DES OFFICIERS ET DES SOLDATS.

C'est par la confiance que donnent au soldat la supériorité de son éducation et son exactitude à remplir ses devoirs, tout autant que par le respect qu'inspire sa naissance, que l'officier maintient dans l'armée allemande cette discipline si justement louée. Entre ces deux hommes, l'affection est médiocre : l'officier voit le soldat si au-dessous de lui ! Comment aimer cet homme qu'il rudoie, bouscule, soufflette à la moindre faute ? Il a soin du soldat pourtant ; il veille à ce qu'il dorme bien, mange bien ; il le visite dans ses logements, accueille toutes ses plaintes, et entre en furieuse colère contre le bourgeois chiche de nourriture ; mais il a le même soin de ses chevaux ; il les veut voir aussi bien logés, aussi bien nourris. Il ne comprenait pas l'habitude que nous avions de parler au soldat plus volontiers qu'à lui : ce goût lui paraissait très vulgaire. Peut-être craignait-il nos questions indiscrètes, nos railleries sur cette discipline, si rigoureuse qu'elle ressemble à une servitude. Il est vrai que le long séjour en France des soldats allemands modifiera leurs idées sur plus d'un point ; beaucoup ont avoué qu'ils s'étaient fait une très fausse idée de notre pays. Un sous-officier nous dit un jour cette grave parole : « Vos journaux sont des menteurs et des ignorants qui vous ont trompés sur le compte de l'Allemagne ; mais les nôtres nous ont trompés sur votre compte », et il parlait avec admiration de notre richesse, produit de notre travail autant que de notre sol.

L'esprit démocratique, qui a si bien pénétré nos mœurs que toute morgue en a disparu, et que la fierté même passe pour un ridicule, n'était pas le moindre sujet d'étonnement de ces étrangers. Nous voyant égaux les uns aux autres, affranchis de toute superstition féodale, nullement éblouis des airs de leurs officiers, les plus intelligents rougissaient de nous donner en spectacle leur humilité. Nous en avons vu qui, tout en faisant avec componction le salut réglementaire à quelque officier qui passait, souriaient d'un air d'intelligence, en nous regardant, comme pour montrer qu'ils savaient la valeur de ces grimaces. Les corrections manuelles qu'ils reçoivent en public, pour les fautes commises à l'exercice, leur étaient devenues si insupportables, à cause des railleries dont ils étaient l'objet, à leur retour au logis, qu'en plusieurs endroits il fallut choisir quelque lieu écarté pour champ de manœuvres. Ce travail occulte qui se faisait dans l'esprit des soldats n'a point échappé aux officiers : ils ne craignent pourtant pas que cette corruption momentanée survive au départ de France. Ils ont raison. Des sous-officiers et des soldats déclarent, à la vérité, que l'Allemagne va entrer dans une nouvelle ère politique et qu'avant dix ans elle sera républicaine, mais ils nous laissent fort incrédules. Maint officier très noble, mais sceptique sur tous chapitres, déclarant que religion et noblesse sont des antiquités bonnes pour en imposer au peuple, pouvait faire penser à notre noblesse du XVIIIe siècle, qui, tout près de sa ruine, riait de ses privilèges ; mais l'état social de l'Allemagne actuelle ne peut se comparer à l'état social de la France de l'ancien régime; l'humeur des deux peuples ne se ressemble pas, et il s'écoulera sans doute de longues années avant que les espérances de quelques-uns deviennent des réalités. Du moins, ces jeunes officiers qui, à peine arrivés à l'âge d'homme, marquent déjà sur leurs états de service les campagnes d'Autriche et de France, comptent sur la docilité du grand troupeau germanique.

XX.

LA CASTE MILITAIRE

Quant à eux, ils sont dévoués corps et âme à la politique prussienne. Ceux qui regrettent l'ancienne Allemagne sont rares : ceux qui rêvent une Allemagne nouvelle, les libéraux, les républicains sont plus rares encore. Il s'agit bien de faire de la politique ! Au glorieux festin que leur servent M. de Bismark et M. de Molkte, les derniers venus, les vaincus de 1866, sont les plus avides : ils viennent de s'asseoir à table, et d'entrer en appétit. Ils parlent bien de l'ancienne alliance avec la France ; ils font des réserves, pour le cas où l'indépendance de leur pays serait menacée ; mais ils se contentent de si peu de chose, en fait d'indépendance ! La distinction entre les deux titres d'Empereur d'Allemagne et de Roi de Prusse leur paraît une garantie suffisante de l'autonomie des petits états. C'est un protectorat que la Prusse exerce sur nous, disent-ils, et elle est digne qu'on le lui confie. Si le Saxon se pique d'être plus aimable que le Prussien, d'avoir meilleures manières, il connaît la supériorité militaire de celui-ci : sous l'hégémonie prussienne, les petits États se sentent grandis, et l'orgueil satisfait parle si haut, que les autres sentiments se taisent. Ils rient de leurs petits princes, qui errent sans commandement à la suite des armées ; ils les appellent « ces flâneurs de batailles. » Mais quel respect quand ils viennent à parler du grand ministre Bismark, du grand général Molkte, de la grande Académie de guerre de Berlin ! Évidemment ils se sont fait une patrie dans leur patrie allemande , l'armée. Avant d'être Saxon ou Bavarois , on est officier dans la grande armée qui a vaincu la France ; on appartient à la caste militaire, que l'Allemagne va fêter au retour. La belle vie qu'on va mener, dans les régiments de cavalerie surtout, où l'officier, s'il est moins instruit que dans l'artillerie, est de meilleur lieu, où les noms sonnent la plus pure noblesse , où l'on ne peut se marier sans l'autorisation du colonel et l'agrément des camarades, qui, tous ensemble, veillent au maintien du decorum aristocratique ! L'officier de la garde va reprendre pour les grandes parades et les fêtes de la cour le bel habit de gala, chargé d'or et de broderies, qui coûte dix mille francs et que ternit le moindre brouillard! Puis on embellira sa maison, qui paraîtra un peu triste en sortant de ce riche pays de France; on aura des salons comme les nôtres, avec des bronzes sur les cheminées. Mais il ne faut pas s'endormir sur ses lauriers. Au prochain signal de la guerre, voici de nouveau toute l'Allemagne en selle! La guerre, disent-ils, est nécessaire à la santé de l'humanité ; il en faut une tous les cinq ans. « Mais encore, répliquions-nous, tout stupéfaits de cette théorie, encore faut-il trouver des gens à qui la faire. Vous nous trouverez, mais à notre heure, quand nous serons prêts. Ce ne sera pas demain! » — « Oh non ! Mais d'ici là nous aurons vaincu la Russie! » On est étonné de l'unanimité qu'on rencontre sur ce point chez les Allemands. Tous parlent comme d'un événement assuré de cette guerre avec la Russie. Ils allèguent l'hostilité connue du czaréwitch contre l'Allemagne, la nécessité de se donner à l'Est une frontière sérieuse. De ce côté, d'ailleurs, il y a encore des frères allemands à délivrer, et ils ressentent comme une injure l'interdiction de la langue allemande dans les provinces baltiques. Ils sont déjà, assurent-ils, tout prêts pour cette guerre ; ils apprennent le russe, par ordre, et dans l'Académie de guerre on étudie la campagne de Russie, comme on a étudié la campagne de France ! On n'est embarrassé que d'une chose : les chemins de fer russes n'ont pas la même voie que ceux d'Allemagne, et M. de Molkte n'y pourra employer le matériel allemand.

Dans ces projets d'avenir, l'Europe n'est comptée pour rien. Que pourrait l'Autriche? Sa dislocation est très prochaine; la partie allemande fera retour à l'Allemagne, sans qu'il soit besoin d'une guerre ; M. de Bismark suffira seul à cette tâche Quant à l'Angleterre, il n'est pas un hobereau de Saxe ou de Bavière qui ne parle avec le plus profond mépris de ce pays de marchands. « L'Angleterre n'a plus de raison d'être, disent-ils ; nous la considérons comme morte ! » Ces choses-là sont dites d'un ton aussi tranquille, aussi assuré que s'il s'agissait des choses les plus simples du monde, et les moins discutables. Ces gens ont le vent en poupe ; ils ont toute confiance en la main qui tient le gouvernail : Bismark est jeune encore; Molkte est un vert vieillard, et *le* chef des *éclaireurs secrets*, Blumenthal, vaut Molkte, dont il attend la succession... N'ont-ils pas le droit de se livrer au long espoir et aux vastes pensées?

XXI.

UN JOURNALISTE DE M. DE BISMARK.

Cette confiance absolue dans la force de l'Allemagne, ce mépris de l'Europe, ces rêves ambitieux ne se trouvent point seulement dans la cervelle de quelques Fracasses, enivrés des fumées de la victoire. L'Allemagne entière, au moins les politiques et les militaires[1], c'est-à-dire la classe dirigeante, ne pense point d'autre façon. Nous en avons pour garant un écrivain dont les indiscrétions sont plus graves que celles de nos hôtes, puisqu'il parle dans le *Moniteur de Reims,* dont il est directeur : il s'agit du chevalier D.-A.-E. Wolheim de Fonséca, docteur ès-lettres, ancien agrégé à l'Université royale de Berlin, etc., etc.

C'est un heureux journaliste que le chevalier Wolheim. Il n'a pas eu besoin de se mettre en quête d'un imprimeur : car le prince Charles de Hohenlohe a décidé M. Lagarde, imprimeur à Reims, à lui prêter ses presses, en le menaçant de faire occuper militairement ses ateliers. Il ne s'est point préoccupé de trouver des abonnés : car Frédéric-François de Mecklembourg a condamné « toutes les autorités, notamment les administrations des communes, » à l'abonnement forcé au *Moniteur officiel*; ni de faire les recouvrements : car les préfets et sous-préfets se chargeaient de ce soin, témoin M. de Zedlitz, qui menaça un jour la municipalité de Saint-Quentin d'une exécution militaire, si elle ne payait point le lendemain à M. de Fonséca une cinquantaine de francs qu'elle lui devait; enfin il n'a pas cherché de rédacteur : un agrégé allemand suffit à remplir de sa prose toutes les colonnes d'un journal.

Pour être lu, M. de Fonséca compte sur son mérite personnel, et de bonne foi il finit par s'imaginer qu'il est fort goûté de ses lecteurs. Il constate que le nombre des abonnés augmente tous les jours; il annonce, quinze jours après ses débuts, que les numéros 1 et 2 du journal sont complétement épuisés, et qu'il va en être fait un nouveau tirage « à la demande générale. » C'est qu'il croit avoir trouvé le moyen de prendre son public, suivant l'expression vulgaire. Il sait la façon dont il convient de parler à cet être frivole qu'on appelle le Français. Il connaît tous les mystères de la langue parisienne, il parlera cette langue; il sait combien il importe chez nous d'avoir de l'esprit, il en aura, — et dès le second numéro du *Moniteur* il nous donne un exemple de son savoir-faire quand il regrette, à propos des fausses nouvelles qui trouvaient créance parmi nous, qu'en France « les blagues n'aient pas été reléguées dans le coin. » Les traits de ce genre abondent sous sa plume Nul doute qu'on n'ait lu ces jolies choses, et qu'on n'ait beaucoup ri des drôleries du chevalier chez Charles de Hohenlohe et chez Charles de Taufkirchen. « C'est comme cela qu'il faut leur parler, lui aura-t-on dit; allez, continuez ! » Et, taillant sa meilleure plume, M. de Fonséca lançait à l'adresse de M. Victor Hugo, qui venait de publier son appel aux Allemands, le propos suivant, longuement et savamment déduit :

« Nous avons observé que Victor Hugo, dans presque tous « ses écrits en prose, à quelque animal qu'il soigne particu« lièrement : par exemple dans *les Travailleurs de la mer*, « il a une pieuvre au fond de l'Océan; dans *Bug-Jargal,* il « a un chien sous la tente ; dans *l'Homme qui rit*, il a un « loup dans la charrette; dans *Han d'Islande* , il a un ours « dans la caverne; dans *Notre-Dame*, il a une chèvre dans la « chambre, et dans son *Appel aux Allemands* il a une « araignée dans le plafond. »

Ceux qui ont la collection du *Moniteur* savent ce qu'il a coûté d'efforts au rédacteur pour se donner une telle légèreté d'allures : car la nature l'a fait grave. Il n'a pas été entièrement corrompu par les mauvaises fréquentations et les mauvaises lectures : autrement aurait-il osé servir à ses lecteurs un feuilleton siamois : « *L'Histoire de la Fiancée de trois Jeunes Gens, tuée par une vipère et ressuscitée par un charme?* » C'est pourtant le premier feuilleton dont il les ait régalés. Il assure que les amis des lettres ont été charmés de ce petit morceau et qu'ils en redemandent de tout semblables.

Mais les lourdes plaisanteries et les lourds feuilletons ne sont qu'une parade devant la porte. M. de Fonséca profite du moment où il nous tient sous le charme pour nous faire entendre de sérieuses vérités. Il est le défenseur infatigable de tous les actes de l'invasion. Il met son esprit au service des préfets pillards et des généraux incendiaires : aucune accusation ne le prend au dépourvu. L'horreur qu'inspire le bombardement de Paris, le laisse indifférent. Il trouve fort mauvais qu'on reproche à M. de Molkte de n'avoir fait précéder le bombardement d'aucune sommation, attendu que « ce sont les forts qui ont commencé à bombarder les retranchements prussiens » ; il ne peut souffrir qu'on parle, comme on fait à Reims, d'enfants, de vieillards tués : « Les boulets allemands, dit-il, sont donc des êtres intelligents et d'assez mauvais caractère pour chercher à frapper des enfants, des femmes, des vieillards? » Au reste, il se console avec ses auteurs des déclamations françaises. Se plaint-on, comme d'une épouvantable barbarie, que les Allemands aient forcé les Alsaciens à construire les batteries ennemies sous le feu de Strasbourg? Il prouve, livres en main, que « cette mesure n'est ni anti-légale, ni neuve. » La circulaire de M. de Chaudordy , qui s'étonne des faits les plus simples , les plus naturels , les plus autorisés, met le chevalier à bout de patience. Il lance contre le malheureux diplomate le *Droit des gens* de Wattel, la *Littérature du droit des gens* d'Omptéda, le *Droit des gens* de Klueber, le *Droit des gens européen* de Schmaltz , les *Principes de droit politique* de Burmalaqui, le *De jure belli ac pacis* de Hugo Grotius, les *Essais* de Moser, le *Dissertatio de firmamentis conventuum publicorum* de Waldner , le *De bellis internecivis* de Heyne, les *Quæstionis juris publici* de Bynkershoek ! Cette inépuisable érudition lui fournit des arguments pour justifier la pire violence de cette guerre, l'annexion de l'Alsace et de la Lorraine. Sans doute la France a réussi à « franciser ces provinces » ; mais qu'a fait l'empereur d'Allemagne en les conquérant ? Il a usé de son droit de rescousse, *jus recuperationis*. Que fait-il en gardant ce qu'il occupe de fait ? Il se conforme simplement à l'axiome : *beatus possidens*, bienheureux celui qui tient. Voilà des arguments sans réplique ; mais le docte agrégé se souvient qu'il parle à des ignorants, à des gens de race latine qui peut-être ne comprennent pas le latin. A toutes ces raisons tirées du droit écrit, il en ajoute une autre, très inattendue : « La France républicaine du XIXe siècle devrait être trop honnête, trop fière, pour se faire la recéleuse du bien volé par la France monarchique du XVIIe siècle. »

Du reste, à quoi bon tant discuter? L'Allemagne ne lâchera pas sa proie : elle ne craint la France ni dans le présent ni dans l'avenir ; elle se rit des efforts des neutres. M. de Fonséca n'admet même pas que l'Angleterre, « dont l'armée est trop peu nombreuse, » ait osé donner des conseils amicaux à l'Allemagne. Il reproche « aux Juifs incirconcis de l'Angleterre » d'avoir vendu des fusils à M. Gambetta ; et quand un membre des Communes a fait une motion en faveur de la France, il n'a pas assez de sarcasmes pour « le pître parlementaire ». « C'est, dit-il, un de ces Anglais du *Merry old England*, qui croient que le monde tremble, quand le *Parlement* parle, comme ces roitelets nègres qui, après avoir mangé du maïs et des sauterelles, font publier à son de conque que les rois du monde en peuvent faire autant ! » Ces « hâbleurs insulaires » parlent de neutraliser l'Alsace et la Lorraine ; mais il n'y a pas de pays véritablement neutres ; la preuve, c'est que les petits Etats sont, on ne sait pourquoi, manifestement favorables à la France. La Belgique est travaillée par les *Fransquillons* ; le Luxembourg a dû être menacé de *déneutralisation* ; la Suisse elle-même, voire la Suisse allemande, ne cesse d'exalter « contre ses frères » les mérites des Français. L'Allemagne aura l'œil aux procédés de ces neutralisés qui d'habitude connaissent mieux leurs droits que leurs devoirs. En attendant, elle ne commettra pas la faute de neutraliser sa conquête ; la garantie de l'Europe entière ne l'y déciderait pas. On sait trop bien à Berlin ce que vaut cette formalité. : « Plus un pacte est garanti, moins il est sûr.... » L'histoire nous enseigne qu'un petit Etat, dans les convulsions générales, a le droit de s'inquiéter, malgré toutes les garanties possibles, et que les grands Etats seuls peuvent se garantir eux-mêmes. »

Ainsi professait, dans sa chaire de Reims, le docteur de Fonséca, et ses disciples, recrutés en foule par les caporaux prussiens, avaient plaisir à l'entendre : car c'était l'âme même de la Prusse victorieuse que ce Prussien découvrait à leurs yeux. Son érudition, son hypocrisie laissaient voir, au fond de sa conscience, la foi raisonnée en la maxime de M. de Bismark : la force prime le droit. S'il condamne la France démembrée à la résignation, s'il menace les Etats neutres, s'il insulte l'Angleterre, c'est au nom de la force brutale ; s'il brave les haines soulevées contre son pays et raille les sympathies qui reviennent au nôtre, c'est que la haine et la sympathie sont des forces morales, que peut mépriser celui qui a dans les mains la force matérielle. M de Fonséca est d'accord avec les officiers, nos hôtes, et le chancelier de l'empire allemand : l'ère nouvelle qu'il annonce au monde est une ère de violence et de barbarie.

ÉPILOGUE.

UN SOUVENIR DE GŒTHE.

Ce n'est point ainsi que s'annonçait au monde, il y a quatre-vingts ans, la domination de notre malheureuse France. Dans l'enthousiasme des premiers jours, la Révolution aspirait à délivrer le monde de toutes les tyrannies, et à le régénérer par la liberté. Les peuples saluaient nos drapeaux, qui portaient dans leurs plis les idées nouvelles, et l'Allemagne fut agitée la première de sentiments inconnus. « Qui pourrait nier, s'écrie dans *Hermann et Dorothée*, Gœthe, le grand poète allemand; qui pourrait nier qu'au premier rayon du nouveau soleil s'élevant à l'horizon, lorsqu'on entendit parler des droits communs à tous les hommes, de la liberté vivifiante et de l'égalité chérie, chacun n'ait senti son cœur s'élever et battre plus fortement dans son sein plus libre? On espéra jouir de l'existence; les chaînes qui assujettissaient tant de pays, et que tenait la main de l'oisiveté et de l'intérêt, semblaient se délier. Tous les peuples opprimés ne tournaient-ils pas leurs regards vers la capitale du monde, titre glorieux que Paris portait depuis longtemps avec justice, et qu'il n'avait jamais plus mérité qu'à cette époque? Les noms des hommes qui proclamèrent les premiers la liberté ne furent-ils pas égalés aux noms les plus célèbres, élevés jusqu'aux astres? Chacun sentit renaître en soi le courage, l'âme et la parole. Et nous, qui étions voisins, nous fûmes les premiers animés de cette flamme vive. La guerre commença, et les Français en bataillons armés s'approchèrent; mais ils parurent apporter le don de l'amitié. L'effet répondit d'abord à cette apparence; tous avaient l'âme élevée; ils plantèrent gaiement les arbres riants de la liberté, nous promettant de ne pas envahir nos possessions ni le droit de nous régir nous-mêmes. Notre jeunesse fit éclater les transports de sa joie, la joie anima l'âge avancé, et les danses de l'allégresse commencèrent à se former autour des nouveaux étendards. Les Français triomphants gagnèrent d'abord l'esprit des hommes par leur vivacité et leur enjouement, et ensuite le cœur des femmes par leur grâce irrésistible. Le fardeau même des besoins nombreux de la guerre nous parut léger; l'espérance en son vol nous dérobait l'avenir, et appelait nos regards dans les carrières nouvellement ouvertes. Oh! combien est heureux le temps où, dans une danse, l'amant voltige avec sa fiancée, attendant le jour de l'hymen, objet de leurs vœux! Tel et plus heureux encore fut le temps où ce que l'homme juge être le bien suprême, se montrait près de nous et pouvait être facilement atteint. Il n'y avait pas de langues muettes; les vieillards, les hommes d'un âge mûr et les adolescents parlaient à haute voix, pleins de pensées et de sentiments sublimes! »

Hélas! comme au temps que célèbre le poète allemand, il n'y a pas de langues muettes aujourd'hui! On parle beaucoup dans les cabinets des princes, dans les assemblées, mais on parle de réorganiser les armées, d'élever des fortifications nouvelles, de doubler le nombre des soldats. De liberté vivifiante et d'égalité chérie, nous ne sachons pas qu'il soit question en quelque endroit du monde. Se plante t-il quelque part des arbres de liberté? A-t-on formé des danses d'allégresse autour des étendards germaniques, encore fichés en notre sol? Où sont les cœurs qui battent plus fortement dans un sein plus libre? Quelles chaînes viennent de tomber? quels hommes remercient Dieu à la pensée que désormais chacun va tranquillement jouir de l'existence? D'un bout à l'autre de l'Europe, les peuples font en hâte leurs préparatifs pour l'avenir que leur promet la politique « de fer et de sang » qui vient de triompher.

Certes, l'Europe a raison de s'inquiéter. Elle sent déjà, elle saura bientôt ce que lui réserve la défaite de la France. On dit que nous voyant à terre et meurtris par leurs mains, la Bavière et le Wurtemberg se demandent déjà ce qu'ils ont fait. Il est trop tard. Les Allemands sont liés à la Prusse par un indissoluble lien, la complicité d'un même crime. C'est notre épée qui défendit jadis l'indépendance des petits Etats d'Allemagne ; maintenant que notre épée est brisée, quelle puissance empêchera les Hohenzollern de transformer en sujétion directe la vassalité des rois et des grands-ducs, et de les réduire à la condition commune, après avoir fait d'eux les préfets et les sous-préfets de l'Empire ? Il faut que ces petits pays et ces villes où se développait en liberté l'individualisme allemand, en prennent leur parti : l'Empire est un camp, l'Allemagne, une caserne. Allemands du Nord et du Midi, vous l'avez voulu ; le caporal prussien domine sans conteste : attention au commandement !

Attention aussi, petits Etats de l'Europe ! M. de Fonséca ne vous a-t-il pas avertis que « dans les convulsions générales un petit Etat a le droit de s'inquiéter ? » Nous avons travaillé jadis à l'affranchissement de la Hollande, et voici que les historiens et les grammairiens allemands rappellent aux Hollandais qu'ils ont appartenu autrefois à l'Empire germanique, qu'ils parlent la langue allemande ; or, il n'a pas fallu d'autres raisons pour revendiquer l'Alsace-Lorraine ! Nous avons, au XVIIe siècle, inscrit dans la paix de Westphalie l'indépendance de la Suisse ; mais la Suisse rhénane parle aussi l'allemand. Elle est garantie par un pacte européen ; mais, au dire de M. de Fonséca, « plus un pacte est garanti, moins il est sûr ! » Nous avons versé notre sang pour affranchir l'ingrate Italie ; elle a ri de nos défaites ; hardie contre notre faiblesse, elle arme en face de nous sa frontière. Elle verra bientôt que l'Allemagne n'oublie pas son ancienne suzeraineté sur les plaines du Pô, et que le Germain, redevenu envahisseur, est prêt à se reprendre d'amour pour son soleil. Que l'Autriche vienne à se dissoudre, et d'un bond les Hohenzollern sont à Trieste, sur l'Adriatique. Car la guerre est la condition d'existence du nouvel Empire, fondé par la ruse et par la violence, et nous ne sommes plus là pour grouper autour de nous et couvrir les faibles menacés.

C'est pourquoi, si humiliés que nous soyons, c'est encore sur nous que reposera bientôt l'espérance de l'Europe. Quand les attentats qu'elle commence à prévoir seront consommés, elle tournera ses regards vers la France et s'inquiétera de notre convalescence ; mais il s'écoulera de longues années avant que l'étranger puisse compter sur nous et que nous puissions compter sur nous-mêmes. Nous avons mesuré la difficulté de notre tâche. Nous avons vu de trop près le vainqueur, pour ne pas savoir combien il est redoutable. Cette guerre, si bien conduite dans son ensemble et dans ses moindres détails, cette organisation, fruit d'un labeur et d'une application d'esprit qui depuis un demi-siècle ne se sont pas lassés, ont forcé notre admiration, sans affaiblir notre haine. Aussi, nous sommes devenus circonspects, et nous ne craignons rien tant que les rêves insensés d'une vengeance prochaine. Les déclamations d'autrefois ne nous en imposent plus, et nous n'en sommes plus à croire que la justice suffise contre la violence. Si l'homme qui a frappé par l'épée périt par l'épée, c'est qu'il s'élève contre lui un vengeur armé d'une épée plus solide. Nous attendrons l'heure en travaillant ; nous apprendrons tout ce que savent nos ennemis et que nous ignorons ; nous ferons passer nos enfants par l'école et par l'armée : de l'école et de l'armée, toutes deux régénérées, la discipline refluera dans les familles et dans la société. Notre pays, si divisé, retrouvera dans l'union de toutes les volontés la force nécessaire pour détruire l'œuvre de la force. Car c'est une loi historique, qui n'a point reçu de démenti, qu'après des événements comme ceux que nous venons de traverser, le vainqueur a pour lot de commettre des fautes qui le mènent à la ruine, et l'avenir appartient aux vaincus !

ERNEST LAVISSE.

La brochure était imprimée quand l'auteur a reçu de deux honorables habitants de Pommiers, la demande d'une rectification dans le récit des faits qui se sont passés à Pommiers le 8 octobre 1870. Cette rectification a été insérée dans le *Journal de l'Aisne* du 11 février 1872. Elle tend surtout à disculper une des deux personnes dont l'auteur a dit, sans d'ailleurs les nommer, qu'elles avaient lâchement dénoncé aux Allemands les gardes nationaux qui avaient fait le coup de feu contre eux. Ces deux personnes sont entre les mains de la justice, dont il convient d'attendre l'arrêt.

Laon. — Imp. H. de Coquet et Cie.

www.ingramcontent.com/pod-product-compliance
Ingram Content Group UK Ltd.
Pitfield, Milton Keynes, MK11 3LW, UK
UKHW012240240726
13966UKWH00003B/1194